KB200100

식사하셨습니까?

큐초짜와
큐포자를 위한
큐티밥상

식사하셨습니까?

지은이 | 김형민
초판 발행 | 2022년 3월 16일
등록번호 | 제1988-000080호
등록된 곳 | 서울특별시 용산구 서빙고로65길 38 두란노빌딩
발행처 | 사단법인 두란노서원
영업부 | 2078-3352   FAX | 080-749-3705
출판부 | 2078-3331

책 값은 뒤표지에 있습니다.
ISBN 978-89-531-4168-1 03230

독자의 의견을 기다립니다.
tpress@duranno.com   http://www.Duranno.com

ⓒ 저자와의 협약 아래 인지는 생략되었습니다.
이 출판물은 저작권법에 의해 보호를 받는 저작물이므로 무단 전재와 무단 복제, 무단
사용을 할 수 없습니다. 이를 어길 시 법적 조치를 할 수 있음을 알려드립니다.

두란노서원은 바울 사도가 3차 전도여행 때 에베소에서 성령 받은 제자들을 따로 세워 하나님의 말씀으로 양육하던
장소입니다. 사도행전 19장 8-20절의 정신에 따라 첫째 목회자를 돕는 사역과 평신도를 훈련시키는 사역, 둘째 세계
선교(TIM)와 문서선교(단행본잡지) 사역, 셋째 예수문화 및 경배와 찬양 사역, 그리고 가정·상담 사역 등을 감당하
고 있습니다. 1980년 12월 22일에 창립된 두란노서원은 주님 오실 때까지 이 사역들을 계속할 것입니다.

식사 하셨습니까?

김형민 지음

큐 초 짜 와
큐 포 자 를
위 한
큐 티 밥 상

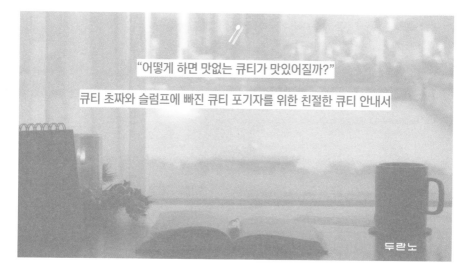

"어떻게 하면 맛없는 큐티가 맛있어질까?"

큐티 초짜와 슬럼프에 빠진 큐티 포기자를 위한 친절한 큐티 안내서

두란노

목차

추천사 _8

프롤로그 _14

··· 식사에 앞서 ···

1장 큐티를 말한다 _22

하나님에 대한 사용설명서

큐티의 정의와 자격을 말한다

큐티는 예수 믿고 시작된다

큐티는 예배다

큐티는 하나님과의 사귐이다

큐티는 하나님의 인도를 받는 것이다

··· 에피타이저 ···

2장 큐티는 준비가 더 중요하다_78

태도가 중요하다
시간을 마련하라
공간을 위한 팁
교재를 구별하라
읽는 것이 왜 중요한가

··· 메인 요리 ···

3장 큐티 이렇게 하라_120

기도로 시작하라
적으면서 읽어라
제대로 읽어라
큐티의 장애물을 제거하라
하나님을 묵상하라
교훈을 묵상하라
이제 적용하라

··· 디저트 ···

4장 큐티의 마무리 _184

기도로 마친다

점검하고 나눔하라

큐티 슬럼프를 극복하라

덕을 세우라

에필로그 218

참고도서 220

QT
Recipe

Are you feeding your soul?

추천사

이 책은 큐티(QT)를 위한 교과서라고 감히 단정해도 전혀 부족함이 없다. 큐티의 정의부터 큐티에 임하는 자세와 방법, 그리고 그 적용까지를 기술하고 있다. 저자는 성경에서 큐티의 근거를 찾고 있으며, 나아가 큐티로 인한 그 자신의 체험과 다양한 실례들을 담백하고 설득력 있는 문체로 풀어 나가고 있다. 그리고 많은 신학적 자료들을 모든 연령층의 다양한 수준의 사람들이 이해할 수 있도록 들려준다는 점에서 그 학문적 가치 또한 높다고 하겠다. 큐티를 주제로 한 책은 많지만, 이 책만큼 큐티에 관하여 일목요연하게 구체적이며 적용하기에 편리한 책을 나는 본 적이 없다. 말씀 목회를 추구하는 현장의 목회자들, 그리고 하나님의 말씀을 더욱 깊게 읽기를 갈망하는 모든 성도의 필독서가 되기를 염원한다.

양현표 교수_총신대학교 신학대학원 실천신학

교회 성도가 큐티를 모른다면 '간첩'일지도 모른다. 그러나 큐티를 제대로 하는 자는 소수에 그칠 정도로 큐티를 제대로 아는 자는 많지 않다. 그렇다면 큐티를 모르는 '간첩'이나 큐티 책 들고 폼만 재는, 큐티를 제대로 알지 못하는 자나 도긴개긴이다. 이 책은 큐티가 낯선 크리스천에게도 큐티를 제대로 알지 못하는 게으른 크리스천에게도 '복음'이다. 왜냐하면 큐티가 무엇인지 선명하게 알려 주는 데다 어떻게 해야 제대로 큐티할 수 있는지 그 핵심을 콕 짚어 주어 하나님 앞에 진정한 신앙인으로서도록 만들어 주기 때문이다. 독자는 이 책을 집어 드는 순간 '큐티 식사'를 하기에 앞서 고급 '에피타이저'를 대하게 된다. 우선 이 책을 '식사하시라'. 그런 다음에야 본격적으로 큐티 식사를 제대로 즐길 것이다. 속 편하게 소화 잘 시킬 수 있도록 저자는 자신의 큐티 경험은 물론 소소한 개인사를 곁들이고 다양한 독서를 통해 얻은 자료를 통해 매우 설득력 있는 큐티 입문서를 만들었다. 특히 큐티하면서 슬럼프에 빠진 사람들(나 같은 사람), 적용하는 데 그 길을 찾지 못해 '큐포자'가 된 사람들(역시 나 같은 사람)에게 엄청나게 유익하다. 이 책을 읽지 않고 큐티하려 하지 마라! 금방 큐티 포기할 테니까!

권문상 교수_웨스트민스터신학대학원대학교 조직신학, 《초신자의 질문》《성경의 궁금증에서 자유하라》 저자

한국교회가 위기다. 위기 돌파의 핵심은 본질로 돌아가는 것이다. 본질로 되돌아가려면 말씀 묵상이 필수다. 묵상은 말씀을 깊이 연구(study)하고 깊이 생각(think)하는 행위이고, 그런 행위를 통해 우리는 하나님을 알고 예배하고 사귀고 인도함을 받

을 수 있다. 하지만 말씀 묵상은 쉬운 듯 어렵다. 그래서 쉽게 접근하지만 오래 지속하지 못하는 이들이 많다. 저자는 오랫동안 말씀 묵상 사역에 힘써 온 사역자다. 저자는 자신의 경험과 시행착오를 바탕으로 말씀 묵상을 포기한 이들을 위해 훌륭한 안내서를 발간했다. 온전한 묵상을 하려면 어떤 준비를 해야 하는지, 어떻게 하면 묵상을 오래 그리고 잘할 수 있는지, 어떻게 하면 슬럼프를 극복할 수 있는지 등을 자신의 경험을 통해 자세하게 안내한다. 부디 이 책을 읽고 한국교회 내에 더욱 많은 말씀 묵상자들이 양성되어 한국교회가 위기에서 벗어나 더 나은 미래로 나아가기를 기도한다.

최윤식 박사_미래학자, 《빅체인지 한국교회》 공동 저자

아무리 강조해도 지나치지 않은 '말씀 묵상'에 대한 책이 KOSTA캠프에서 빼놓을 수 없는 큐티 강사인 김형민 목사님의 손을 통해 출간되어 너무나 기쁩니다. 목사님은 말씀 묵상에 대해서 영성적, 지성적, 실제적 측면에서 이론과 실제를 겸비하였을 뿐 아니라 노련하게 코스탄들을 말씀의 세계로 이끌어 주었습니다. 지금 이 책을 들고 계신 여러분에게 큐티에 대한 바른 이해와 자세를 코칭해 주리라 믿으며 즐겁게 추천합니

다. 여러분을 매일 말씀으로 하루를 여는 복된 길로 인도해 줄 것입니다.

큐티를 잘하고 싶습니다. 하나님 말씀을 깊이 묵상하고 그 말씀으로 살아가길 원합니다. 큐티 사역을 오랫동안 해 오신 저자의 자세한 큐티 가이드를 만나서 참 기쁩니다. 마지막 시대에 우리의 유일한 길잡이는 말씀입니다. 큐티 훈련을 통하여 말씀으로 승리하고 구체적인 변화를 경험하시길 축복합니다.

홍민기 목사_라이트하우스무브먼트 대표, 브리지임팩트사역원 이사장

'큐티의 오랜 경륜이 묻어 있는 진국 같은 안내서'. 김형민 목사님은 청소년 큐티 전문가로 오랫동안 이 분야에 헌신하셨습니다. 이 책은 이론적인 큐티를 말하는 것이 아니라, 수많은 상담과 목회 경험을 통해서 나온 큐티에 관한 내용을 다루고 있습니다. 무엇보다도 쉽고 이해가 잘되게 설명하고 있습니다. 오랫동안 끓여 낸 진국 같은 큐티의 진수를 느낄 수 있는 책입니다. 특별히 저자가 담임하는 아둘람교회는 큐티의 장점을 극대화하여 청소년들을 치유하고 회복하며 비전을 심어 주는 교

회로 쓰임 받고 있습니다. 쉬우면서도 정곡을 찌르며 우리로 하여금 말씀 앞에 서게 하는 이 책을 강력 추천합니다.

오대회 목사_수원 열두광주리교회 담임, 《큐티합시다》 저자

한국교회 목회자 중에 다음 세대 사역에 열심이고 큐티를 통한 말씀 묵상과 믿음 생활에 누구보다 진심인 사랑하는 동역자 김형민 목사님이 《식사하셨습니까?》를 출판하게 되어 진심으로 감사의 마음을 전합니다. 코로나 시대 아무리 힘들고 어려워도 다음 세대는 학교를 통해, 학원을 통해, 또한 가정을 통해 세상 배움을 멈추지 않았는데, 한국교회와 믿음의 어른들을 통한 믿음의 교육은 많이 어려워졌습니다. 이 책을 통해 바른 믿음의 교육이 다음 세대에게 이뤄지길 소망하며 추천의 글을 전해 봅니다

임우현 목사_징검다리선교회, 유튜브 '번개탄TV'

저자는 묵상에 대한 깊은 이해도를 가지고 묵상의 전도자를 넘어 묵상 목회를 몸소 실천하는 사역자다. 이 책은 성경 이해를 기반으로 경건한 삶을 위한 자세와 구체적인 방법을 들려준다. 또한 모든 세대와 교회가 묵상을 통해 실제 삶에 적용하도

록 돕고 있어 목회자들에게 탁월한 지침서가 될 것이다.

탁주호 목사_전 성서유니온선교회 총무, 《큐티는 파티다》 저자

제 신학교 동기이자 목회 현장에서 오랫동안 보아 온 김형민 목사님은 만난 처음부터 지금까지 큐티에 미쳐 있는 사람이라고 말할 수 있습니다. 저에게도 큐티를 통한 도전을 주었고 많은 청소년들에게도 말씀으로 이끄는 사명을 잘 감당하고 있습니다. 이 책은 큐티의 방법론과 그 중요성을 자신의 삶의 이야기와 더불어 감동 있게 서술하고 있습니다. 큐티를 아직도 방법이나 프로그램으로만 알고 있다면 이 책을 읽으며 삶 속에 계시는 하나님을 만나게 될 것이라 믿습니다.

김이석 목사_서울평안교회 담임, 철학박사, 서울대 강사

MBTI(Myers-Briggs Type Indicator)가 뜰 줄은 알았지만 요즘처럼 온 세상 사람들이 아는 소위 '떡상'을 하게 될 줄은 몰랐습니다. 제가 이 도구를 처음 접하게 된 것은 1996년으로 거슬러 올라갑니다. 당시 신대원생이던 저는 목회상담학 교수님의 스터디 그룹에 들어가 공부하면서 심리학과 상담학 분야에 눈을 뜨게 되었습니다.

심리검사에 대해서 관심을 가지고 있던 차에 가톨릭의 김정택 신부님과 심혜숙 수녀님이 미국에서 한국에 들여 온 MBTI의 활용을 위한 보수교육을 서강대학교 교정에서 진행했습니다. 심리학자 융의 이론에 근거한 것도 마음에 들었고, 물론 심리검사 자체의 한계가 있지만, 다른 심리 검사 도구들에 비해서 나름 객관성을 확보하고 연구논문도 꾸준히 나오는 것을 보면서 이후 계속 이 도구만을 사용해 왔습니다. 그동안 교회와 단체에서 워크숍을 진행한 것만 해도 백여 차례가 넘는 것 같습니다.

예나 지금이나 저의 유형은 ENFP이고 선호도는 항상 높은 점수를 보여 주고 있습니다. ENFP를 간단히 설명하면 구체적으로 E는 외향성으로 듣는 것보다 말하는 것을 선호합니다. N은 직관형으로 정보 인식에 있어 구체적이고 꼼꼼하기보다는 직관적이고 큰 숲을 보는 스타일입니다. F는 감정형으로서 판단함에 있어 그 기준이 논리와 원칙보다 감정에 좌우될 때가 많습니다. 마지막으로 P는 인식형으로 그 행동방식이 변화무쌍하며 융통성을 잘 발휘하는 성격입니다.

왜 제가 저의 MBTI 유형을 말씀드리는가 하면, 사실 이 유형은 차분히 말씀을 묵상하는 일이 쉽지 않기 때문입니다. 그런데 주변에 유독 목회자들이 ENFP가 많습니다. 선교단체 간사님들도 많은 편입니다. 상담가들도 이 유형이 많습니다. 이처럼 영적인 일을 하는 분들이 이 유형이 많다는 것은 어쩌면 반대 유형인 차분하고 듣기를 좋아하고(I), 꼼꼼하게 말씀을 읽으며(S), 깊게 사고하고(T), 성실하게 하나님과의 만남을 가지는(J) 훈련을 해야 한다는 뜻일 수도 있습니다. MBTI에서는 내가 가진 유형을 인정하고 사랑하며, 나아가 나에게 없는 반대편의 유형을 개발하고 나와 다른 사람들을 이해하고 배려하는 것이 성장과 성숙이라고 말하기 때문입니다. 그래서 저는 말씀을 묵상할 때 노트 한 귀퉁이에 제 유형의 반대인 ISTJ라는 글자를 종종 적습니다. 더 잘 읽고, 더 꼼꼼히 읽고, 깊게 사고하며, 규칙적이고 성실하게 묵상하고자 하는 제 다짐이기도 합니다.

저의 말씀 묵상은 고등학교 1학년 때 시작되었습니다. 저의 모교회인 수유리장로교회의 주일학교 교사이던 이구 선생님(지금은 방글라데시 선교사로 계심)께서 핏덩어리와 같던 중3 소년인 저를 제자 삼아 주시고, 분식집 먹방 사역(?)을 무려 6개월 동안 해주신 뒤, 더 정확하게 말하면 분식집의 2줄짜리 메뉴를 거의 섭렵했을 즈음부터 제게 말씀을 먹이기 시작했습니다. 아무 생각 없이 교회에 나와 선생님이 사 주시는 음식을 먹기만 하던 저는 그때 예수님을 영접하고 말씀도 먹었습니다. 선생님이 저에게 진짜로 먹이고자 한 것은 하나님의 말씀이었습니다. 마태복음 4장 4절과 신명기 8장 3절은 같은 내용으로 '사람이 떡으로만 살 것이 아니라 하나님의 말씀으로 살 것'이라는 말씀입니다. 그래서 그리스도인이 말씀을 묵상하는 것은 식사하는 것과 같습니다. 영혼이 없는 짐승이야 떡만 먹고 산다지만 영혼이 있는 인간은 반드시 하나님의 말씀을 먹어야 삽니다. 그래서 이 책의 제목이 '식사하셨습니까?'입니다.

'여러분, 식사하셨습니까?'

사실 이 책은 제가 두란노서원에서 청소년 큐티 월간지 〈새벽나라〉 편집장으로 일할 때 2년 동안 연재하던 글을 묶은 청소년을 위한 큐티 가이드《너 하나님이랑 사귀니?》의 개정판이라 할 수 있습니다. 이 책을 제가 사역하고 있는 교회의 양육 교재로 사용하고 있지만 출판된 지 오래 되어 인터넷 중고서점에서도 구하기 어려운 책이 되었습니다. 그래서 청소년뿐만 아니라 장년과 청년들의 큐티를 돕는 안내서로 전면 재집필하였습니다. 재집필 과정은 재건축보다 신축이 쉽다는 말을 체감하는 과정이었습니다.

이성희 목사님은 그의 책《수도원 영성의 향기》에서 자전거는 글로 배우는 것이 아니라 직접 타면서 배워야 한다[1]고 말했습니다. 큐티에는 왕도가 없습니다. 일단 해보아야 합니다. 다른 사람의 큐티와 비교할 필요도 없습니다. 말씀을 통한 하나님과의 사귐을 가진다는 게 중요합니다.

하나님 나라에서 큐티도 모르면 간첩이라는 말이 있다지요? 많이 들어 알기는 하지만 제대로 큐티하는 분은 많지 않은 게 사실입니다. 수학을 포기한 사람들을 수포자라고 합니다. 부디 이 부족한 책이 말씀 묵상은 어려운 것이고, 내가 가까이하기에는 너무 먼 것이며, 하다하다 잘 안 되어서 결국 포기하고 큐티책을 덮어 버린 큐포자(큐티 포기자)분들의 재도전에 도움이 되기를 소망합니다.

이 책에 담긴 내용들은 제가 오랜 세월 큐티를 하면서 겪은 시행착오를 담은 일종의 성장기입니다. 저와 같은 유형의 그리스도인들이 하나님의 말씀을 묵상하고 묵상한 대로 살아가는 데 도움이 될 만한 내용들을 담아 보았습니다.

말씀 묵상은 쉽지 않습니다. 묵상한 대로 다 적용하는 일은 더 어럽습니다. 그러나 그저 들을 수 있는 것에 감사해야 합니다. 묵상할 말씀이 있어서 감사해야 합니다. 그렇게 살다 보면 어느새 저와 여러분의 영혼은 밝고 생동감 있는 영혼으로 바뀌어 있을 것입니다.

계속해서 이어지는 상담과 목회, 설교, 강의 사역 중에 집중하여 책을 집필한다는 것은 쉬운 일이 아니었습니다. 이 와중에도 책을 쑥쑥 잘 내는 목회자들을 볼 때마다 대단하시다는 생각밖에 안 듭니다. 막상 세상에 내놓으려니까 그 지식과 묵상의 일천함으로 주저하게 됩니다. 책을 내는 필자들의 공통된 마음일 것입니다.

끝으로 추천사를 써 주신 양현표 교수님과 권문상 교수님 그리고 오랜 세월 함께 동역해 온 선배, 동료, 동역자인 탁주호, 유임근, 최윤식, 홍민기, 임우현 목사님, 나의 동기들 오대희, 김이석 목사님께 감사드립니다. 원고를 꼼꼼히 읽고 피드백을 준 아둘람교회 성지영 집사님, 부족한 사위의 목회를 위해 매주 먼 길을 달려와 중보기도의 자리에 앉는 조종근 안수집사님, 손순자 권사님, 나를 항상 깨어 있도록 하는 사랑하는 나의 아내이자 인생의 동반자 조수연 사모,

사랑하는 아들 수아, 딸 요한 그리고 마지막으로 아둘람교회의 리더들과 성도들에게 깊은 애정을 담아 감사의 말씀을 전합니다.

2022년 3월
김형민

주의 말씀은 내 발에 등이요

내 길에 빛이니이다

(시 119:105)

1장

식사에 앞서

큐티를 말한다

하나님에 대한 사용설명서

아내는 저에 비해서 매우 꼼꼼하고 차분한 사람입니다. 저와 반대인 아내 덕분에 많은 도움을 받고 있습니다. 매사에 한 번 더 생각하게 만들어 주고, 제가 놓칠 수 있는 세세한 부분을 챙겨 주니 목회하는 데도 많은 도움이 됩니다. 그래서 저는 청년들에게 "결혼해서 실컷 놀려면 성격이 같은 이성과 결혼하고, 다른 사람들 많이 살리고, 하나님 나라에 도움이 되는 삶을 살려면 성격이 반대인 이성과 결혼하라"고 말합니다.

실제로 저는 연애할 때 MBTI 검사를 해서 되도록 반대 유형과 결혼하려고 했습니다. 저는 ENFP이고 아내의 유형은

ISFJ입니다. 주 기능은 감정 F로 같지만 나머지는 모두 반대입니다. 그러나 사명을 감당하는 부부는 서로의 다름이 틀림이 아니라 치우치지 않도록 도와주는 안전장치가 되니 오히려 득이 됩니다. 아내는 지금도 어떤 물건을 사든지 사용설명서를 읽습니다. 그 설명서가 그 물건에 대해서 잘 설명해 주고 있기 때문입니다. 특히 약 봉투에 들어 있는 설명서를 아내는 중요하게 생각합니다. 용법에 맞게 잘 먹어야 치료에도 도움이 되고, 몸에 이롭기 때문이랍니다. 맞는 말입니다.

그렇다면 하나님에 대한 사용설명서, 영어로 매뉴얼(manual)은 무엇일까요? 성경입니다. 고등학교 1학년 때부터 담임목사가 된 지금까지 저에게 성경은 하나님 매뉴얼, 천국 매뉴얼로서 그 역할을 톡톡히 하고 있습니다. 참 신기하고 감사한 것은 제가 비록 다른 매뉴얼은 잘 읽지 않는 편인데, 성경 매뉴얼은 읽는 것이 숙제로 느껴지거나 지겨운 적이 거의 없고, 언제나 새롭고 설레는 마음이 든다는 것입니다. 그런 면에서 저는 구원받은 하나님의 자녀가 맞습니다. 성격상 무엇이든지 잘 질려서 꾸준히 하는 것이 저에게는 어려운 면이 있는데, 적어도 말씀 묵상은 그렇지 않으니까요.

저는 신대원 3학년 때부터 큐티책을 만들었습니다. 주로 청소년을 대상으로 하는 큐티책의 편집장으로 일했습니다. 만약 그것이 세상의 이야기를 담은 월간지였다면 저는 아마

진작에 때려치웠을 것입니다. 원고를 쓰고 교열, 교정을 보고 디자인을 하고 인쇄를 하고, 책을 만들면, 그것을 가지고 강의하고 집회하는 일을 지금까지 하고 있습니다. 물론 힘들기도 했지만, 한 번도 내 일이 아니라거나 지겹다고 생각해 본 적이 없습니다.

왜냐하면 성경에는 하나님이 어떤 분이신지, 어떻게 일하시는지, 무엇을 좋아하시는지, 무엇을 싫어하시는지가 너무나도 드라마틱하게 설명되어 있기 때문입니다. 그것은 때로 웅장하게, 때로 일상의 소소함으로 그려져 있습니다. 마가복음의 예를 들어 설명해 보려고 합니다.

하나님 나라는 반드시 자란다

예수님의 제자들은 예수님께서 홀로 계실 때 조용히 와서 '씨 뿌리는 자의 비유'의 의미를 물어봅니다(막 4:10). 이에 예수님께서는 '하나님 나라가 어떤 나라인지 세상 사람들은 잘 몰라도 너희들은 이 말씀들을 이해해야만 한다. 내가 하는 이 하나님 나라의 비유들을 이해하지 못한다면 다른 말씀을 이해하기는 거의 불가능하기 때문이란다'(막 4:11-13)라고 말씀하셨습니다. 그리고 나서 그 유명한 '씨 뿌리는 자의 비유'를 설명해 주십니다. 이는 천국의 기본 비유로서 하나님 나라의 성격과 특징, 미래를 이해하는 제자라면 반드시 알아야 하는 말씀입니다.

예수님께서는 네 가지 종류의 밭을 비유로 말씀하셨습니다. 이중 세 가지 밭에 뿌려진 씨앗은 죽고 맙니다. 75%의 씨는 죽고, 나머지 25%의 씨앗만이 좋은 땅에 뿌려져 열매를 맺습니다. 이 말씀에서 알 수 있는 바와 같이 천국은 지금 당장은 확장되지 않는 것 같습니다. 너무나도 초라하게 갈릴리 나사렛 목수의 아들로 오신 예수님께서 전하시는 말씀의 씨앗은 뿌리는 족족 열매를 맺지 못하고 세상에 어떤 영향력도 미치지 못하는 것 같습니다. 그러나 2천 년이 지난 지금 우리는 압니다. 25%에 불과하지만 좋은 땅에 뿌려진 씨는 삼십 배, 육십 배, 백 배의 결실을 맺어 오늘날 전 세계 인구의 30%가 넘는 사람들이 기독교를 믿고 있다는 사실을.

마가복음 4장 21절에서 34절까지에는 이 비유의 보충적인 설명의 성격을 띠는 세 가지 비유가 더 나옵니다. 등잔불 비유, 자라나는 씨 비유, 겨자씨 비유가 그것입니다. 우선 등잔불 비유로 '누가 등불을 켜서 그릇으로 덮어 놓거나, 침대 밑에 두는 사람이 있겠느냐, 등경 위에 두지 않겠느냐'고 말씀하십니다. 즉 이미 하나님의 나라는 환한 등잔불처럼 밝혀졌으니 굳이 일부러 모른 척하지 않는 이상 다 알 수 있다는 것입니다. 이어서 나오는 비유가 '알지 못하는 사이에 자라는 씨' 비유입니다. 식물의 자람이 그렇습니다. 눈에 보이게 성장하는 것 같지 않은데, 씨 뿌리는 자가 그저 자고 깨고 하는 중에 자랍니다. 다 때에 맞게 자라 추수할 날이 오게 될 것이라는 말씀입니다.

천국은 이런 것입니다. 어려움은 있지만 반드시 자랍니다. 그것을 믿어야 합니다. 예수님의 제자들은 절대로 망할 것 같지 않던 기세등등한 로마와 유대인들의 기득권 앞에 눌려 있었습니다. 사사건건 트집을 잡아 예수님을 시험에 빠뜨리고자 하는 거대한 권력 앞에서 이 말씀을 들었습니다. 비록 천국이 세상에서 가장 작아 보이는 '겨자씨 한 알'(막 4:31) 같아 보이지만, 이내 자라 훌쩍 크고, 모든 풀보다 커져서 공중의 새들이 그 그늘에 깃들일 만큼 자랄 것입니다. 따라서 이 비유의 핵심은, 이 말씀을 처음 들은 제자들더러 좋은 밭이 되라는 것에 방점이 있는 것이 아니라, 예수님이 선포하시는 하나님의 나라는 반드시 씨앗처럼 자라난다는 것을 믿으라는 것입니다.

스물한 살 때부터 시작한 부교역자 생활을 마치고 47세에 교회를 개척했습니다. 창립 1주년 예배를 드릴 즈음 이 말씀을 묵상하고 얼마나 은혜가 되었는지 모릅니다. 목사가 전하는 하나님의 말씀이 성도들의 삶에서 금방 열매를 맺지 못해도 반드시 조금씩 성장하여 저들 가운데 하나님의 나라가 온전히 임할 테니, 그것을 믿어야 한다는 예수님의 말씀으로 들렸습니다.

교회 공동체는 동물적으로 자라지 않습니다. 연약한 식물처럼 천천히 자랍니다. 잡초는 일찍 자라고 일찍 죽습니다. 저뿐만 아니라 극한 고난 가운데 하나님의 말씀 하나 붙잡고 하루하루 치열하게 살아가는 성도님들도 하나님 나라가 어떤 나라인지, 어떤 법을 가지고 있는지, 어떻게 움직이는지를 깨닫고 기뻐했습니다. 변화가 없는 것 같은 불신 남편을 위해 기도하는 집사님, 금방 좋아지지 않는 사업을 위해 기도하는 집사님, 기약 없는 취준생의 때를 보내고 있는 청년들까지 이 말씀을 묵상하며 힘을 냈습니다.

천국의 매뉴얼이 이렇게 설명하고 있으니, 우리 안의 조바심과 불안과 걱정과 근심은 떠나가고, 하나님의 다스림이 나에게 임하므로, 내가 있는 바로 이곳이 천국, 즉 하나님의 나라가 됩니다. 그러므로 우리가 할 일은 농부처럼 삶의 현장에서 열심히 씨를 뿌리되, 결과는 하나님께 맡기고 그저 잘 먹고 잘 자는 일상을 충실히 살아가는 것입니다. 이것이 천국의 사용설명서에 나와 있는 우리 삶의 방식입니다.

첫 장을 갓프리 로빈슨과 스티븐 윈워드가 쓴 귀한 책《그리스도인이 걸어야 할 길》[2]을 인용하고 마치려고 합니다. '그리스도인의 삶에 대한 실제적인 안내서'라는 부제가 붙은 이 책에서 저자는 이런 말을 합니다.

"피아노를 잘 치기 위해서 손가락을 움직이는 운지법을 배워야 하는 것처럼 신앙생활도 잘 배워야 한다."

맞습니다. 말씀 묵상이 무엇인지를 제대로 배워야 천국의 매뉴얼인 성경 말씀을 제대로 묵상할 수 있습니다. 성경 묵상을 통한 하나님과의 진정한 사귐으로 여러분을 초대합니다.

◦ 성경은 우리 인생의 매뉴얼이다.

◦ 하나님의 말씀은 반드시 자라난다.

큐티의 정의와 자격을 말한다

큐티란 무엇인가

큐티(QT)가 Quiet Time의 약자인 것을 모르는 사람은 초신자 외에는 거의 없을 거라고 봅니다. 조용한 시간이지요. 이 세상에서 중요한 일을 할 때, 사람들은 조용하려고 합니다. 중요한 계약서에 서명할 때, 시험공부를 할 때, 예배를 드릴 때 모두 다 조용한 환경을 마련하려고 합니다. 실수하지 않기 위해서입니다. 자신이 하는 행동에 집중하기 위해서입니다.

조용한 시간을 마련해서 무엇을 해야 할까요? 기독교의 조용한 시간과 다른 종교들의 조용한 시간에는 큰 차이점이 있습니다. 기독교의 조용한 시간은 오직 하나님의 말씀을 듣는 시간입니다. 버리는 시간이 아니라 채우는 시간입니다. 큐티는 날마다 조용한 시간을 마련하여 하나님의 말씀을 듣는 시간입니다.

역사적으로 QT라는 말을 처음 사용한 사람들은 1882년 영국 케임브리지대학에 다니던 7명의 학생들로 알려져 있습니다. 죄와 유혹이 많은 세상 속에서 케임브리지의 젊은이들은 매일 모여서 하루를 성경 읽기와 기도로 시작하는 결단을 했습니다. 그리고 그 모임 시간을 'Quiet Time'으로 정하고 날마다 경건의 시간을 갖기 시작했습니다.

케임브리지의 일곱 형제들이 QT라는 이름을 정했지만, 성경을 보면 수많은 믿음의 조상들이 큐티를 하고 있었다는 것을 알 수 있습니다. 아브라함도 했고, 모세도 했고, 다윗도 했고, 베드로와 바울도 했습니다. 누구보다도 가장 훌륭한 큐티의 모델은 예수님이십니다. 중요한 일이 있을 때마다, 힘들고 혼란스러운 일이 있을 때마다 예수님은 언제나 한적한 곳, 즉 Quiet Place를 마련하여 하나님과 교제의 시간을 가지셨습니다.

세상은 요란합니다. 너무나도 들을 것이 많고 볼 것이 많습니다. 날마다 뉴스거리들, 특히 요즘 같은 인터넷 시대에는 수많은 유튜브 영상들이 하나님과 조용한 교제의 시간을 빼앗아 갑니다. 바이러스가 온 세상을 흔들어 놓고 있습니다. 어찌나 요란한지 많은 사람들이 불안해서 집 밖을 못 나가고 있습니다. 코로나19 바이러스로 인해 많은 교회들이 주일 예배를 함께 모여 드리지 못하고 온라인 예배를 드리고 있습니다.

목사로서 이제 막 신앙생활을 시작한 성도님들, 소그룹과 양육이 필요한 형제자매들과의 만남을 오랜 시간 가지지 못하는 이 상황이 왜 걱정되지 않겠습니까? 작은 개척교회의 경우, 교회 공간의 임대료를 내지 못해 문을 닫아야 하는 교회도 많습니다. 교회뿐만 아니라 자영업자들, 학원업에 종사하는 분들, 모두가 힘듭니다. 언제 끝날지 모르는 이 사태 앞에서 오늘도 조용히 하나님의 말씀을 듣습니다.

큰 광풍이 일어나며 물결이 배에 부딪쳐 들어와 배에 가득하게 되었더라 예수께서는 고물에서 베개를 베고 주무시더니 제자들이 깨우며 이르되 선생님이여 우리가 죽게 된 것을 돌보지 아니하시나이까 하니 막 4:37-38

조용한 아침 시간, 바이러스 때문에 성도들과 함께 모이지 못하는 이 요란한 시대에 서재에 내려와 하나님의 말씀을 듣습니다. 큐티입니다. 예수님이 한 배에 타고 계시지만, 광풍이 불어 물결이 배에 부딪쳐 들어와 침몰할 것 같은 상황이 바로 지금 우리의 모습이 아닌가 하는 묵상이 되었습니다. 제자들은 예수님께 자신들의 감정을 그대로 드러냅니다. "우리가 죽게 된 것을 돌아보지 아니하시나이까." 원망의 감정입니다. 예수님은 지금 이 상황에서 뭐 하고 계시냐는 것입니다. 지금이 주무실 때냐, 라는 것입니다.

제자들이 잊어버린 것이 있습니다. 예수님이 함께 한 배에 타고 계신다는 사실입니다. 예수님이 온 세상을 주관하시는 하나님의 아들이라는 것을 잊어버렸습니다. 예수님이 돌아보고 계시지 않는 것이 아닙니다. 지금도 우리와 함께 계시고 돌아보고 계십니다. 예수님께서 배에서 내리지 않고 제자들과 함께하고 계십니다.

세상은 너무나 요란하고 불안해 보입니다. 세상뿐 아니라 각자의 가정과 삶에도 걱정과 불안이 있습니다. 그러나 요란한 세상을 보면서 마음을 빼앗기는 것이 아니라, 오늘 말씀을 보면서 예수님이 나와 한 배에 타고 계시고, 이내 곧 풍랑을 잠잠케 하심을 믿어야 합니다. 컴퓨터나 핸드폰처럼 요란한 소리를 내지는 않지만, 언제나 조용히 우리에게 말씀하시는 성경책은 내가 그 조용함의 세계로 찾아갈 때 비로소 크게 들리기 시작합니다. 요란한 세상을 바라보면 덩달아 나도 요란한 사람이 되지만, 조용한 말씀을 묵상하면 덩달아 나도 은혜의 사람이 될 수 있습니다.

큐티의 유일한 자격

오래 되었지만 TV 예능 프로그램과 드라마 제목 중에 '남자의 자격'과 '아내의 자격'이라는 것이 있었습니다. 남자가 되는 데에도, 아내가 되는 데에도 자격이 필요하다면, '큐티의 자격'도 있지 않을까요? 아마 처음 들어 보았을 겁니다. '큐티의 자격.' 그 자격이 뭔지 한번 이야기해 보려고 합니다.

여러분은 큐티의 자격이 무엇이라고 생각합니까? 내신 성적이 우수하거나 좋은 대학을 나온 공부 잘하는 사람이라고 생각하나요? 아니면 착하고 성실한 성품을 가진 사람이라고 생각하나요? 사실 기도에 비해서 큐티는 책으로 된 말씀을 보는 일이기 때문에, 더군다나 적는 것을 강조하기 때문에 공부 쪽으로 생각할 수 있습니다. 전혀 상관이 없다고 말할 수는 없지만, 결정적인 자격은 아닙니다.

그렇다면 큐티의 자격은 무엇일까요? 바로 정답 들어갑니다. 정답은 '태어나는 것, 또는 살아 있는 것'입니다. 엄마 뱃속의 아기는 출산이라는 과정을 통해서 세상 밖으로 나옵니다. 태어나야 어머니는 젖을 물릴 수 있습니다. 태어나지도 않은 아기에게 어떻게 젖을 물릴 수가 있겠습니까? 또한 의

사는 살아 있는 사람에게 수술을 합니다. 죽은 사람에게 더이상 무슨 수술이나 처치가 필요하겠습니까? 비록 죽어 가고 있을지라도 아직 심장이 뛰고 있을 때 모든 의료적인 행위가 의미 있는 것입니다.

오랫동안 목회를 하면서 아무리 말씀을 전해도 반응이 없는 분들을 발견하게 됩니다. 주변의 많은 사람들이 눈물을 흘리며 기도하는 중에도 멀뚱멀뚱 쳐다보며 '저렇게까지 슬픈 일이 있을까?'라고 판단하는 분들입니다. 저는 이런 경우 조용히 개인적인 만남을 요청합니다. 목양실로 불러 처음부터 다시 복음을 전합니다. 대화를 나누어 보면 열에 아홉은 구원의 확신이 없는 분들입니다. '태어난다, 살아 있다'는 것을 기독교에서는 '구원받았다'고 이야기합니다. 즉 구원받지 못한 사람은 제아무리 훌륭한 설교와 오케스트라의 찬양, 기도를 안 하기가 더 어려운 압도적인 집회 분위기 속에서도 기도가 안 나옵니다. 그 영혼이 죄 가운데 죽어 있기 때문입니다.

부모님의 강요로 큐티책을 사고, 안 살 경우에는 부모님이 사다가 책상 위에 올려놓으십니다. 그러나 그 학생에게 성경 말씀이 적혀 있는 큐티책은 '검정 것은 글씨요 흰 것은 종이'일 뿐입니다. 반응을 불러일으키지 않습니다. 그러나 구원받은 사람은 사정이 달라집니다. 그 말씀이 들리고, 미각으로 표현하면 그 말씀이 달기도 하고 쓰기도 합니다. 여러분에게 하나님의 말씀은 어떤 맛인가요?

큐티를 하는 데 있어 유일한 자격은 학교 졸업장도 아닙니다. 물론 국문을 읽고 쓸 수는 있어야겠지만, 문맹률이 0%에 가까운 우리나라의 현실을 보아서는 큰 걱정 안 해도 될 것 같습니다.

큐티의 자격은 구원입니다. 내가 죄인이라는 것을 고백하고, 나의 죄를 위해서 하나님의 아들 예수 그리스도가 십자가에 달려 죽으셨다는 것을 인정하고, 예수님을 나의 주 나의 하나님으로 마음속에 모시고 입으로 고백해야 합니다. 큐티를 가르치다가 도저히 깨닫지 못하는 학생이나 장년 성도님에게 저는 항상 구원을 다시 확인합니다. 그러면 마치 어린아이가 자라듯이 조금씩 말씀을 사모하며 묵상하고 그 믿음이 자라는 것을 보게 됩니다.

사도 바울은 그의 편지를 읽는 사람들에게 늘 이렇게 이야기합니다.

"그리스도 안에 있는 성도들에게 쓰노라."

무슨 말입니까? 이 글을 읽는 사람은 그리스도 안에 있어야, 즉 구원받은 거룩한 성도여야 한다는 말입니다. 죽은 사람에게는 식사가 필요하지 않습니다. 일단 살아 있어야 식사도 하고, 치료도 받습니다. 영적으로도 마찬가지입니다. 지금까지 큐티책을 만들고 가르쳐 왔지만 영적으로 살아 있지 않으면 큐티할 수가 없습니다. 영적으로 살아 있다는 것은 구원받았음을 말합니다. 예수님을 나의 주 나의 하나님으로 영접한 것을 말합니다. 이것이 유일한 큐티의 자격입니다. 공부를 잘하는 사람도 아닙니다. 학벌이 좋은 사람도 아닙니다. 성품이 좋은 사람도 아닙니다. 구원만이 유일한 큐티의 자격입니다.

◦ 큐티는 날마다 조용한 시간과 장소를

구별하여 말씀으로 하나님과 교제하는

시간이다.

◦ 큐티의 유일한 자격 조건은 구원이다.

큐티는 예수 믿고 시작된다

제 이야기를 해보겠습니다. 저는 불신 가정에서 초등학교 때부터 동네 교회를 다녔습니다. 교회가 좋았습니다. 저는 사람을 좋아합니다. 사람이 모여 있는 곳을 좋아합니다. 타고난 외향성이라 사람 많은 곳은 언제나 저에게 설레는 장소였습니다. 새로운 사람을 만날 수 있고 무언가 놀라운 일이 일어나는 곳이기 때문입니다.

교회의 찬양과 율동도 좋았습니다. 여학생들이 많은 것도 좋았습니다. 따뜻하게 대해 주고 먹을 것도 주고, 친절한 말을 해주는 선생님이 좋았습니다. 환영받는 느낌도 좋았습니다. 사람들 앞에 나서기를 좋아하는 제게 교회는 훌륭한 무대가 되어 주었습니다. 별로 잘하지 못해도 잘한다고 해주는 곳이었습니다.

그렇게 교회를 잘 다니다 야구에 푹 빠졌습니다. 초등학교 야구부였습니다. 당시 프로야구가 우리나라에 출범했습니다. 예수님이 어떤 분인지, 성경이 무엇인지 몰랐습니다. 어린 저에게 야구는 바로 예수님의 자리를 차지했습니다. 야구부의 훈련은 혹독했습니다. 주일도 없고 방학도 없었습니다. 평상복은 사라지고 언제나 야구복이 저의 옷이 되었습니다. 동계훈련, 하계훈련이 방학을 대신했습니다. 멋진 프로야구 선수가 되는 것이 저의 꿈이었습니다.

그러나 그 꿈은 좌절되었습니다. 가정 형편이 운동선수로서 저의 꿈을 뒷받침해 주지 못했습니다. 운동을 그만두었습니다. 많이 방황했습니다. 운동만이 나의 전부였습니다. 해보지 않은 공부를 하는 것이 힘들었습니다. 그러나 어쩔 수 없었습니다.

다시 마음이 가난해졌습니다. 그때 제 친구가 저를 교회로 이끌어 주었습니다. 아니 어린 시절 경험한 교회의 따뜻함이 그리웠습니다. 이제 와서 생각해 보면 모든 과정이 하나님의 섭리였습니다. 다시 교회에 찾아갔습니다. 교회는 여전히 따뜻했고 좋은 사람들이 있었습니다. 그곳에서 좋은 선생님을 만났습니다. 선생님은 나를 진심으로 대해 주었습니다. 속도 많이 썩여 드렸습니다. 삶의 목적을 잃고 방황하던 십대였으니까요.

그러나 선생님은 저에게 한결같았습니다. 먹을 것도 많이 사주었습니다. 그러던 어느 날 선생님이 저에게 작은 쪽지로 복음을 전해 주었습니다. 사영리라는 쪽지였습니다. 네 가지 영적 원리로 거기에는 복음이 들어 있었습니다.

"하나님은 우리를 사랑하신다. 그러나 우리는 죄를 짓고 하나님과의 관계가 단절되었다. 이 관계의 회복을 위해 예수님께서 십자가에서 대신 죄의 값을 치르고 죽으셨다. 이 예수님을 영접하면 하나님의 자녀가 되어 구원을 받는다."

예수님을 고1 때 영접했습니다. 가정도 여러 가지로 어려워져서 믿을 수 없었고, 나 자신도 믿을 수 없었습니다. 예수님이 나의 주님이 되어 주셨습니다.

환경은 변한 것이 없었습니다. 그러나 내 마음이 변했습니다. 내 신분이 변했습니다. 마귀의 자녀에서 하나님의 자녀로 바뀌었습니다. 기뻤습니다. 평안했습니다. 바르고 착하게 살고 싶었습니다.

예수 믿고 나쁜 짓도 많이 줄였습니다. 야구를 그만두고 전교에서 싸움 잘하는 운동부 아이로 살다가 회개하고 변화되었습니다. 고3 때 별명은 목사였습니다. 내 안에 성령님이 거하신 것입니다. 친구들도 바뀌었습니다. 교회가 내 삶의 중심이 되었습니다. 나의 십대 후반부는 교회가 전부였습니다. 예배드리고 양육받았습니다. 예수님이 어떤 분인지, 구원이 무엇인지를 배웠습니다.

초등학교 때는 아무 생각 없이 교회를 다녔으나 십대 시절 나의 교회생활은 분명 달랐습니다. 내용이 있었습니다. 간식보다 말씀이 더 달았습니다. 기도하면 시간이 가는 줄 몰랐습니다. 교회에서 찬양을 인도했습니다. 학생회 회장도 했습니다. 나중엔 대학부 회장도 했습니다.

성령님이 인도하신다

어느 날 선생님은 저에게 〈생명의 삶〉이라는 큐티책을 주었습니다.

"형민아, 사람이 밥을 매일 세 끼 먹듯이 하나님의 자녀는 매일 말씀을 묵상해야 한단다."

그때 처음 큐티에 대해서 알았습니다. 매일 정한 시간에 하나님의 말씀을 묵상했습니다. 하나님은 보이시는 분이 아닙니다. 말씀을 통해서 만나는 분입니다. 말씀을 묵상하지 않으면 하나님을 모르는 것입니다. 하나님과 만나지 않는 것입니다. 선생님이 권해 준 큐티를 고1 때부터 한 것 같습니다. 32년이 지났습니다. 여전히 저는 큐티를 통해 하나님을 만납니다.

처음부터 큐티를 하지 않았습니다. 선생님이 저에게 먼저 사랑과 관심을 주었습니다. 그런 다음 복음을 전해 주었습니다. 저를 살려 주신 것입니다. 그리고 큐티를 배웠습니다. 저도 지금 큐티를 가르칩니다.

그런데 절대 못하는 사람들이 있습니다. 글을 모르는 것도 아닙니다. 똑똑하지 않은 것도 아닙니다. 그런데 큐티를 제대로 못합니다. 왜 그럴까요? 예수님을 인격적으로 영접하지 않았기 때문입니다. 다시 시작해야 합니다. 내 인생을 다시 돌아봐야 합니다. 내가 죄인이라는 것을 고백해야 합니다. 해결책은 유일합니다. 오직 예수 그리스도의 십자가와 부활입니다. 그 주님을 나의 왕 나의 하나님으로 모셔야 합니다. 그때 성령이 내 안에 거하십니다. 성경을 읽을 때마다 그 성령님께서 눈을 열어 주십니다. 깨닫게 해주십니다. 은혜로 말씀을 받아들이도록 역사하십니다. 말씀을 적용할 수 있도록 힘을 주십니다. 말씀이 잊히지 않도록 내 마음을 지켜 주십니다.

고등학교 1학년을 기준으로 저의 삶은 바뀌었습니다. 이전은 구원받지 못한 때입니다. 이후는 구원받은 때입니다. 이전에는 말씀이 없었습니다. 이후에는 말씀이 있었습니다. 구원을 받지 못했다면 큐티를 못했을 것입니다. 이후 큐티책을 만드는 일도 못했을 것입니다.

큐티를 가르치고 싶습니까? 그렇다면 상대가 살아 있는지 죽어 있는지를 먼저 봐야 합니다. 복음을 전해야 합니다. 인격적으로 예수님을 영접하도록 도와야 합니다. 여기에서부터 큐티는 시작됩니다. 마치 어린아이가 엄마의 젖을 먹듯이, 조금씩 먹으면 됩니다.

모든 성경은 하나님의 감동으로 된 것으로 딤후 3:16

모든 성경은 하나님의 감동, 즉 성령으로 기록되었습니다. 설교자들이 말씀을 전해도 듣는 이들에게 역사하시는 것은 성령님입니다. 성경의 저자는 성령님입니다.

성령님은 예수님을 영접한 자들 가운데 역사하십니다. 큐티책을 산다고 큐티가 되는 게 아닙니다. 먼저 예수님을 영접하면 성령님이 거하시고 성령님은 말씀으로 우리를 인도해 주실 것입니다.

물론 구원받았다고 해서 무조건 성경 말씀을 스펀지가 물을 빨아들이듯이 쭉쭉 받아들이지는 못합니다. 다만, 그 안에 생명이 있다면 적어도 이전과는 다른 반응을 보이게 됩니다. 적어도 제가 목회 현장에서 느낀 바는 그렇습니다.

개인적으로 예수님을 전혀 모르던 사람이 복음을 듣고 자신이 죄인임을 고백하고 예수를 믿음으로 그에게 세례를 베푼 것이 참으로 영광스럽습니다. 보는 성도들도 큰 은혜를 받습니다. 큐티는 예수 믿고 시작해야 합니다.

∘말씀을 주기 전에 사랑을 주어야 한다.

∘예수 믿으면 큐티가 시작된다.

큐티는 예배다

사이토 다카시는 《혼자 있는 시간의 힘》[3]에서 상대적으로 평가하지 말고 절대적으로 평가하라는 대목에서 이렇게 말합니다.

"흥미롭게도 재능이 많은 사람일수록 혼자일 때 자신이 이루어야 할 세계에 대해 생각한다. 즉 혼자만의 시간에 깊이 생각한다는 것은 재능의 증거이기도 하다."

인상적인 말입니다. 물론 이분이 말하는 혼자 있는 시간의 힘은 우리 기독교에서 말하는 혼자 있는 시간과는 다른 개념이지만, 충분히 참고할 만한 이야기라고 생각합니다. 우리는 사람들로부터 분리되어 오직 하나님의 말씀 앞에서 조용한 시간을 가짐으로 말미암아 사람들이 해주는 말로 자신을 평가하는 것이 아니라 하나님의 말씀을 듣고 자신을 절대적으로 평가할 수 있는 시간을 가져야 합니다.

구약시대에는 정한 절기들이 있었습니다. 성전도 있었습니다. 그러나 예수님이 오신 이후 성전은 무너졌습니다. 예수님의 죽으심과 부활, 승천 이후 성령님을 보내셨습니다. 이제 성전은 성령이 거하시는 모든 신자들이 되었습니다. 신자들이 모이는 모임이 성전이 된 것입니다. 구약이 말하는 성전은 이 시대에는 없습니다. 어디든지 성령님이 함께하시기 때문입니다. 그러나 아직도 구약의 방식으로 교회에서만 예배를 드리는 사람들이 많습니다. 평범한 신자의 경우 일주일에 한 번 또는 두 번 정도 교회에 옵니다. 나머지는 다 어디에서 보내고 있습니까? 직장, 학교, 가정입니다. 따라서 교회가 아닌 곳에서, 내가 살아가고 있는 그곳에서 드리는 예배가 중요한 시점이 되었습니다.

이 시대에 제사장은 목사만이 아닙니다. 예수님을 나의 주 나의 하나님으로 고백한 모든 하나님의 자녀들이 왕 같은 제사장입니다. 말씀은 목사만의 전유물이 아닙니다. 모든 신자들이 묵상하고 읽을 수 있습니다. 과거 로마 가톨릭 교회는 사제들만 라틴어로 된 성경을 읽고 설교했습니다. 종교개혁 후 모든 백성이 읽을 수 있도록 성경이 번역되었습니다. 그런데 개신교회에 다니면서도 오직 해석해 주는 성경을 듣는 것 말고는 감히 성경을 볼 엄두를 못 내는 신자들을 종종 봅니다. 물론 이제 막 신앙생활을 시작한 초신자라면 그럴 수 있습니다. 어린아이가 시간이 지나면서 점차 자라 가듯이, 우리의 성경을 대하는 자세와 태도도 자라 가야 합니다.

만약 설교를 듣는 시간 외에는 내가 성경을 대하는 시간이 일주일 내내 없다면 분명 문제가 있는 신앙생활입니다. 자랄 수가 없습니다. 영적 영양실조에 걸릴 수밖에 없습니다. 생각해 보십시오. 밥을 일주일에 한두 번만 먹고 사람이 어떻게 살 수 있겠습니까. 일주일에 공동체로 모이는 예배에서 듣는 설교가 영적 양식의 전부인 사람은 상식적으로도 건강한 신앙생활을 할 수가 없습니다. 예수님께서는 이 세상을 '악하고 음란한 세대'(마 16:4)로 규정하셨습니다. 주님 다시 오실 때까지 모든 신자는 이때를 살아가야 합니다.

이 세대는 끊임없이 주변의 믿음이 없는 사람들을 통해서, 각종 미디어를 통해서, 또는 교육을 통해서 이 세상의 가치관을 쏟아 내고 있습니다. 특히 대중문화의 영향력은 엄청납니다. 말씀은 일주일에 한 번 설교를 통해 듣는 것이 전부이면서 매일 TV를 보고, 인터넷과 SNS에 적지 않은 시간을 소비합니다. 사람들을 만나고 대화합니다. 아무리 내가 걸러서 듣는다고 해도, 흘러나오는 그 콘텐츠는 어느새 우리의 가치관을 지배하게 됩니다.

따라서 교회 밖의 가정, 직장, 학교에서 적어도 하루에 한 번은 개인적으로 예배해야 합니다. 말씀이 있고, 기도할 수 있고, 찬양할 수 있습니다. 예배입니다. 따라서 진정한 예배 자는 교회를 중심으로 하는 공동체 예배를 우선순위에 두고, 교회 밖에서 개인적으로 예배하는 자입니다. 이 시대의 새로운 예배를 규정하고 있는 로마서 12장 1절 말씀을 인용해 드립니다.

그러므로 형제들아 내가 하나님의 모든 자비하심으로 너희를 권하노니 너희 몸을 하나님이 기뻐하시는 거룩한 산 제물로 드리라 이는 너희가 드릴 영적 예배니라 롬 12:1

구약의 예배와 새로운 시대의 예배가 명확히 구분됩니다. 이제는 동물 제사가 필요치 않습니다. 우리 몸이 제물입니다. 죽은 제물이 아니라 살아 있는 제물로 드리는 영적 예배의 시대가 된 것입니다. 살아 있는 제사입니다. 내 몸이 거하는 바로 그곳에서 하나님의 말씀을 가지고 묵상하며 적용할 때 그것은 예배가 됩니다. 이렇게 일주일 동안 내가 살아가는 그 자리에서 예배를 드리고 주일에 공동체 예배로 나온 신자와 그렇지 않은 신자는 다릅니다. 개인 예배가 있는 상태에서 나와야 공동체 예배도 은혜가 넘칩니다.

그렇지 않은 신자가 공동체 예배에서 은혜받기 위해서는 여러 가지 준비가 필요합니다. 워밍업이 필요합니다. 기도도 많이 해야 하고, 묵상도 많이 해야 합니다. 한 주간의 삶과 예배의 삶이 자연스럽게 이어지지 않기 때문입니다.

지금까지 사역을 해본 경험으로도 그렇습니다. 매일 말씀을 묵상하고 개인 예배를 잘 드리는 신자는 믿음도 쑥쑥 자라고 다른 사람들의 구원을 위해 섬길 만한 일꾼으로 금방 세워집니다. 그런데 늘 어린아이처럼 설교를 통해 떠먹여 주어야 하는 사람은 신앙의 성장이 더디기만 합니다.

말씀이 삶에 영향을 미쳐야 한다

또 하나의 예배의 개념이 있습니다. 그것은 삶의 예배입니다. 적용을 말합니다. 큐티는 성경 공부가 아닙니다. 말씀대로 하루를 살기로 작정하는 것입니다. 그러니 일대일로 하나님 앞에서 하는 큐티에 적용이 없을 수 없습니다. 알고 끝나는 큐티, 머리로 동의하고 끝나는 큐티는 큐티가 아닙니다. 그 말씀이 오늘 나의 하루 일정, 말, 행동, 감정, 생각에 영향을 미쳐야 합니다. 로마서 12장 1절 말씀에 이어 2절 말씀을 계속해서 인용해 드립니다.

너희는 이 세대를 본받지 말고 오직 마음을 새롭게 함으로
변화를 받아 하나님의 선하시고 기뻐하시고 온전하신 뜻이
무엇인지 분별하도록 하라 롬 12:2

무슨 말씀입니까? 적용하라는 것입니다. 이 세대는 우리에
게 영향을 미칩니다. 그러나 그것을 본받지 말아야 합니다.
매일 큐티하면서 마음을 새롭게 해야 합니다. 샤워를 하고 세
수를 하듯이 매일 그렇게 해야 합니다. 속사람을 관리해야 합
니다. 씻어 내야 합니다. 그러면 비로소 하나님의 선하고 온
전하신 뜻이 무엇인지를 알게 됩니다. 그러면 해야 할 것과
하지 말아야 것이 판단됩니다. 분별이 됩니다. 그러면 그대로
적용해야 합니다. 말씀이 삶에 영향을 미치는 것입니다.

따라서 큐티는 개인 예배이기도 하면서 동시에 삶의 예배
이기도 합니다. 큐티를 제대로 한 사람은 말씀이 삶에 영향을
미치게 됩니다. 변화가 따릅니다. 우울하고 불안한 삶의 환경
가운데 있더라도 말씀을 묵상하면 하나님의 뜻을 알게 되고
그것을 믿게 되면 감정에 변화가 생깁니다. 소망과 기쁨과 감
사가 마음 가운데 자리 잡습니다. 우울하고 불안할 때 사람들
은 그 감정을 덮어 버릴 수 있는 자극적인 행동들을 찾게 됩
니다. 중독적인 행동들입니다. 우리의 영혼과 육체를 망가뜨
리는 행동들입니다. 그러나 말씀을 묵상하고 그 마음속에 하

나님이 주신 기뻐하시고 온전하신 생각과 감정들이 생기면 그런 행동들을 하지 않고서도 하루를 뿌듯하게 지낼 수 있습니다. 말씀과 함께 성령님이 내 삶을 붙잡아 주십니다.

설교자도 마찬가지입니다. 저는 설교를 하는 사람입니다. 그런데 오직 설교를 하기 위해서만 성경을 보면 안 됩니다. 그것만큼 고통스러운 것도 없습니다. 그렇게 하지 않으려면 어떻게 해야 할까요? 우선 저에게 주신 말씀으로 묵상해야 합니다. 누구를 가르치기 위해 성경을 보는 것이 아니라 내가 삶 가운데 받아야 할 말씀으로, 내가 적용해야 할 말씀으로 묵상합니다. 그러면 반드시 깨달아집니다. 전에 보지 못한 말씀이 보입니다. 제가 먼저 은혜를 받습니다. 설교는 그 이후입니다. 가장 좋은 성경교사는 '가르치는 것이 아니라 나누는 사람'이라는 말을 들어 보았습니까? 제가 생각하는 설교 준비는 그런 것입니다.

만약 개인적으로 매일 큐티하면서 예배하는 것이 어렵다면 어떻게 해야 할까요? 성경 말씀이 이해도 안 가고 어렵다면 어떻게 해야 할까요? 성경을 읽고 바로 이해하고 묵상하고 적용한다는 것이 분명 쉬운 일은 아닙니다. 초신자라면 더욱 그렇습니다.

그래서 보조교재들이 있는 것입니다. 뒤에서 자세히 다루겠지만 큐티 교재들은 내가 묵상해야 할 범위와 간단한 해설,

적용거리들을 제시해 주고 있습니다. 말씀을 읽고 묵상하는 것이 원칙이지만 너무 모르겠다면 처음에는 그 해설들의 도움을 받는 것도 괜찮습니다. 그것도 무슨 말인지 모르겠다면 어떻게 해야 할까요? 좀 더 쉬운 보조교재들의 도움을 받아 보기 바랍니다. 청소년, 어린이, 영유아용 교재들은 좀 더 쉽게, 적은 양으로 해설되어 있습니다.

실제 그렇게 하는 분이 있습니다. 우리 교회 성도님인데, 쉰이 넘어 예수님을 영접하고 세례를 받았습니다. 평소 책을 읽고 쓰는 것이 훈련이 잘 안 된 분이었습니다. 그런데 이분이 예수님을 영접한 후 영유아용 교재를 이용해 큐티를 했습니다. 어린아이들에게 맞는 분량과 내용이었습니다. 나이는 쉰이 넘었지만 영적 나이는 아직 영유아이기 때문에 어쩌면 그런 방법도 처음에는 나쁘지 않다고 봅니다.

예배는 공동체 예배, 개인 예배, 삶의 예배가 있습니다. 공동체 예배가 전부인 신자들은 큐티를 통해 개인 예배, 삶의 예배를 회복해야 합니다. 큐티는 예배입니다.

◦큐티로 말씀이 삶에 영향을 미치도록
해야 한다.

◦큐티는 개인 예배다.

큐티는 하나님과의 사귐이다

사람이 자기의 친구와 이야기함 같이 여호와께서는 모세와 대면하여 말씀하시며 모세는 진으로 돌아오나 눈의 아들 젊은 수종자 여호수아는 회막을 떠나지 아니하니라 출 33:11

　하나님과의 관계에 있어서 모세만큼 친밀한 관계를 맺은 구약의 인물도 흔치 않을 것 같습니다. 그 교제가 어찌나 친밀했던지 마치 친구와 이야기하는 것 같았다고 출애굽기는 기록하고 있습니다. 당시 하나님께서는 모세와 직접 만나 대화하셨습니다.
　그렇다면 지금은 어떻게 하나님과 대화할까요? 모세처럼

하나님의 음성을 직접 듣는 것일까요? 아닙니다. 지금은 기록된 하나님의 말씀을 묵상하고 기도함으로 하나님과 대화합니다. 하나님과의 교제, 즉 그분과 '사귐'의 관계라는 것은 일반적인 관계를 의미하지 않습니다. 보다 깊고, 은밀하며, 서로를 소중히 여기며 아끼는 관계를 우리는 사귐의 관계라고 합니다. 하나님은 모세와 바로 그런 친구와 같은 교제, 즉 사귐의 관계를 유지하셨던 것입니다. 그래서 모세를 시내산으로 불러 약속의 말씀을 주시고, 말씀을 적은 돌판을 그의 손에 쥐어 주셨던 것입니다.

그런데 모세가 산을 내려와 보니 황당하게도 이스라엘 백성과 아론이 하나님이 그토록 금하신 금송아지 우상을 만들고는 그것이 하나님이라며 춤을 추며 먹고 마시고 있었습니다. 하나님과 한 약속을 정면으로 깨뜨려 버린 백성들에게 하나님은 진노하여 심판하겠다고 말씀하셨습니다.

바로 이때, 모세가 평소 하나님과 사귐의 관계를 갖지 않았다면, 그 유명한 모세의 중보기도는 불가능했을 것입니다. 모세는 평소 자신이 알고 있는 하나님의 성품에 의지하여 우선 하나님이 가장 싫어하시는 우상숭배의 죄를 인정하고 회개하며(출 32:31), 자체적으로 백성들의 죄를 끊어 내고 "주께서 내게 이 백성을 인도하여 올라가라 하셨고(출 33:12), 그동안에도 크신 은총을 내리셨다"(33:13, 16)고 고백했습니다.

하나님과 평소에 친밀한 사귐의 관계에 있지 않았더라면 하나님이 응답하시는 중보기도를 할 수도 없거니와 벌어진 상황에 당황하여 허둥지둥하다가 시간을 다 흘려보냈을 것입니다.

또한 모세와 하나님 간에 사귐의 관계에서 돋보이는 점은 일방적이지 않다는 것입니다. 모세는 우선 하나님의 말씀을 잘 듣습니다. 40일간이나 시내산에서 말씀을 듣습니다. 그리고 백성들이 우상 숭배의 죄를 범했을 때 차분히 중보기도로 대응합니다. 마구잡이로 하나님께 떼쓰는 게 아니라 들은 말씀과 그가 알고 있는 하나님의 성품에 의지하여 기도했습니다. 건강한 사귐의 관계일수록 일방적이지 않고 서로를 존중하며 상대방의 말을 경청합니다. 모세와 하나님이 바로 이런 관계였습니다.

모세뿐만 아니라 신약의 바울 사도 역시 하나님과 '찐'하게 사귐을 가진 사람이었습니다. 많은 그리스도인들에게 사랑받는 성경인 사도행전을 차분히 묵상해 보면 그가 얼마나 하나님과 깊은 교제를 했는지를 확인할 수 있습니다.

최근에 제가 읽은 사도행전 27장이 생각납니다. 유라굴로 광풍을 맞아 난파 직전의 배에서 사도 바울은 하나님의 말씀을 듣습니다. 그리고 배에 탄 276명의 사람들에게 이렇게 전합니다.

그러므로 여러분이여 안심하라 나는 내게 말씀하신 그대로 되리라고 하나님을 믿노라 _행 27:25_

여러 날 동안 큰 풍랑으로 해도 별도 보이지 않고 구원의 여망마저 잃어버린 순간이었습니다(행 27:20). 이 순간에도 바울은 하나님과 교제했습니다. 자신을 로마로 보내기 위해 알렉산드리아 호에 오르게 하신 하나님이 그가 로마에서 복음을 전하는 마지막 인생의 소명을 다하도록 지켜 주실 것을 믿었습니다.

그런데 생각해 보십시오. 다른 사람들은 모두 거친 파도 소리와 배 안에서 고통당하며 신음하는 사람들의 절망적인 말들을 듣고 있었습니다. 그러나 바울은 심지어 감옥에서조차 하나님을 찬양하고 기도하며 예배하는 사람이었기에 그 어떤 극한 상황도 바울과 하나님의 관계를 끊지 못했습니다(행 16:25). 결국 유라굴로 광풍 앞에서도 하나님과 바울의 깊은 사귐은 계속 되었고, 이 사귐으로 말미암아 한 사람도 다치지 않고 모두 육지에 상륙할 수 있었습니다. 참으로 하나님과의 사귐의 능력은 대단합니다.

하나님의 깐부, 여호수아

제가 교회를 개척하면서 첫 번째 강해 설교 책으로 선택한 여호수아서의 여호수아 역시 하나님과 사귐의 관계에 있던 사람이었습니다. 모세의 시종이던 그는 모세가 죽자 이스라엘의 지도자가 됩니다. 아직 리더십 훈련도 부족하고 젊은 그가 말 많고 탈 많은 이스라엘 백성을 지도한다는 게 심히 부담되는 일이었을 것입니다. 그래서 그는 연신 하나님께 "자신이 없어요. 하나님, 저는 말도 잘 못하고, 저 드센 사람들을 이끌어 갈 능력이 없습니다"라고 말했을 것입니다. 바로 그때 하나님은 계속해서 "두려워하지 말고 강하고 담대하라"고 말씀하십니다(수 1:5-7, 9). 그럼에도 여전히 자신 없어 하는 여호수아에게 하나님께서 한 가지 제안을 하십니다. 요즘 유행하는 말로 하나님은 여호수아와 '깐부'를 제안하십니다. 깐부란 친한 친구, 동반자, 짝꿍을 뜻하는 속어입니다. 세계적으로 유행한 K드라마 〈오징어 게임〉에 나오는 대사이기도 합니다. 그리고 하나님은 이렇게 말씀하십니다.

이 율법책을 네 입에서 떠나지 말게 하며 주야로 그것을 묵상하여 그 안에 기록된 대로 다 지켜 행하라 그리하면 네 길이 평탄하게 될 것이며 네가 형통하리라 수 1:8

여호수아가 언제나 하나님의 말씀을 듣고 낮이나 밤이나 묵상하며 그 말씀대로 살기만 한다면 이스라엘의 지도자로서 살아가는 것이 꽤나 근사하게 펼쳐질 것이라는 약속의 말씀이었습니다. 다시 말해서 남보다 뛰어난 무언가가 있어서도 아니고 언변이 좋아서도 아니고 판단력이 뛰어나서도 아니고 오직 하나님과 사귐의 관계를 유지할 때 지도자로서 훌륭하게 그 역할을 수행할 수 있다는 것입니다. 그러니까 지도자의 핵심 원칙은 하나님과 사귐의 관계를 갖는 것입니다. 실제로 여호수아서는 그가 이 원칙을 잘 지켜 내고 있음을 보여 주고 있습니다.

그러나 여호수아는 6장의 여리고성 앞에서 다시 한 번 하나님의 점검을 받습니다. 여호수아서 6장 1절 말씀을 보면 여리고성이 어찌나 견고한 건축물이었는지, 굳게 닫혀 개미 새끼 한 마리 출입하는 일도 없었다고 기록하고 있습니다. 실제로 이스라엘의 여리고성 유적들에서 그럴 만한 고고학적 증거들이 나온다고 합니다.

그 시대에 무슨 다이너마이트가 있는 것도 아니고, 대포가 있는 것도 아닌데 이 난공불락의 여리고성을 어떻게 통과해야 할까요? 여기서 주저앉고 마는 걸까요? 바로 그때 하나님이 여호수아에게 말씀하십니다.

보라 내가 여리고와 그 왕과 용사들을 네 손에 넘겨주었

으니 수 6:2

워낙에 간이 작고 소심했던 여호수아인지라 다시 그의 소
심병이 도질까 봐 하나님은 지체 없이 말씀하십니다. 그리고
우리가 잘 알다시피 군사적 행동이 아니라 그 성을 매일 한
바퀴씩 돌라는 명령을 하시지요. 믿음이 없는 이스라엘 백성
들은 이 명령 앞에서 아마도 이렇게 소리 쳤을지 모릅니다.
'돌아 버리겠네!'

실제로 그렇습니다. 저 견고한 여리고성이 하루에 한 바퀴
씩 돈다고 무너질까라는 생각을 누구나 했을 겁니다. 그러나
하나님과 깐부를 맺은 여호수아는 처음에 어떤 말씀을 하더
라도 듣고 묵상하며 그대로 행하라는 하나님의 말씀을 잊지
않고 있었습니다. 하나님과 언제나 끈끈한 영적인 사귐의 관
계를 유지하고 있었던 것입니다. 결국 여호수아는 지체하지
않고 그대로 행합니다(수 6:5). 결과는 당연히 승리였습니다.
하나님의 말씀 앞에서 여리고성이 무너져 내렸고, 그 성을 취
하였습니다.

하나님과 사귀는 자는 여리고성을 무너뜨리는 믿음의 용
사가 될 것입니다. 요한일서 1장 3절은 "우리의 사귐은 아버
지와 그의 아들 예수 그리스도와 더불어 누림이라"고 했습니

다. 성도의 사귐에는 이처럼 반드시 하나님 아버지와 그 아들 예수 그리스도가 계셔야 합니다. 하나님과의 사귐이 없으면서 사람과만 사귀면 온전한 사귐이 되기 어렵습니다.

저는 지금까지 목사로 사역하면서 수많은 커플의 결혼예배를 인도했습니다. 결혼할 신랑 신부가 주례를 부탁하면 미리 불러 놓고 꼭, 하나님과의 삼각관계를 강조합니다. 무슨 말인가 하면, 두 사람만 바라보지 말고 두 사람 사이에 꼭 하나님을 넣으라는 것입니다. 물론 서로를 바라보지만, 각자 또 하나님을 바라보아야 합니다. 사람의 연애 감정에는 유효기간이 있다는 것은 이미 학계에서 공인된 이론입니다. 그리 길지 못합니다. 결혼이라는 현실에 들어가면 감정보다 믿음이 필요합니다.

그런 면에서 구약 사사기의 옷니엘과 악사의 만남과 결혼은 유의미합니다. 갈렙은 기럇 세벨이라고 하는 곳을 쳐서 정복하는 사람에게 자신의 딸 악사를 주겠다고 말합니다(삿 1:12). 이때 옷니엘이 나섭니다. 그리고 그곳을 점령합니다. 그러자 약속대로 갈렙은 믿음과 용기의 사람 옷니엘에게 자신의 딸 악사를 줍니다. 이들의 만남은 하나님의 말씀에 순종하여 가나안 정복이라는 사명을 감당하는 과정에서 발생하였습니다.

이 점이 중요합니다. 우선 남녀가 사귀는 데 있어 그저 인간적인 감정과 현실적인 조건들만 따지면 곧 불행해집니다. 요즘 젊은이들을 보면 이런 사명이나 하나님의 말씀에 순종하는 과정은 없고, 오직 상대 배우자의 경제적 능력과 직업만을 따집니다. 일종의 거래처럼 결혼이 이루어집니다. 그래서 그런지 이혼율도 높아만 갑니다. 처음부터 이타적이지 않기 때문입니다. 그러나 옷니엘과 악사는 사명으로 시작된 부부였기에, 바로 그 때문에 땅과 우물까지 제공받습니다. 즉 우선순위가 하나님의 뜻과 말씀을 이루는 것이 되고 각자가 하나님과 사귐의 관계를 유지한다면, 나머지 먹고살 일은 하나님이 책임지십니다. 사사기 1장 15절 말씀입니다.

이르되 내게 복을 주소서 아버지께서 나를 남방으로 보내시니 샘물도 내게 주소서 하매 갈렙이 윗샘과 아랫샘을 그에게 주었더라 사 1:15

남방 땅은 물이 귀한 곳이라 이곳을 정복하여 정착하려면 물이 필요했습니다. 믿음의 사람 갈렙은 하나님의 말씀에 순종하는 남편 옷니엘을 따라 두말 않고 나서는 악사를 귀하게 여기고 그의 모든 부탁을 들어줍니다. 만약 이들이 각자 하나님 앞에서 온전한 믿음을 갖지 못하고 또한 그분과 사귐의 관계를 갖지 않았다면 이들의 결혼도, 거할 땅도, 물도 모두 없었을 것입니다. 그래서 모든 커플은 하나님과 먼저 사귀어야 합니다.

나는 모세처럼, 바울처럼, 그리고 여호수아와 옷니엘과 악사처럼 진정으로 하나님과 사귀는 사람인가요? 아니라면 지금 이 순간부터라도 하나님과 사귐을 시작하십시오.

◦ 큐티는 하나님과 매일 말씀으로 사귐을
  갖는 것이다.

◦ 큐티하는 사람은 위기 가운데서도 요동
  하지 않는다.

　　　　　　　　:
　　　　　　　　:

큐티는 하나님의 인도를 받는 것이다

주의 말씀은 내 발에 등이요 내 길에 빛이니이다 시 119:105

　시편 기자는 하나님의 말씀과 자신의 관계를 정의할 때 어떤 표현을 쓰는 것이 좋을까 많이 고민하고 묵상했을 것입니다. 오늘날과 같은 조명이나 밝은 손전등이 없던 시대에 여행자들은 칠흑 같은 어둠이 내린 밤이면 발걸음을 늦출 수밖에 없었을 것입니다. 어느 날 시편 기자는 어두운 밤길을 등잔불에 의지하여 가는 사람을 보고, 무릎을 쳤습니다.

　'하나님의 말씀과 그분의 자녀의 관계가 바로 이런 것이구나.'

그렇게 말씀을 사랑하는 사람들에게 널리 암송되는 시편 119편 105절의 말씀이 탄생하지 않았을까 상상해 봅니다.

큐티는 말씀으로 하나님의 인도를 받는 것입니다. 물론 우리의 상황과 형편이 성경에 나와 있지는 않습니다. 그러나 성경은 원리를 제공합니다. 그 원리를 잘 묵상하면 하나님이 지금 나에게 말씀하시는 그 뜻을 발견할 수 있습니다. 요나서를 통해 설명 드리고자 합니다.

여호와의 말씀이 아밋대의 아들 요나에게 임하니라　욘 1:1

요나는 니느웨 하면 경기가 일어나는 사람이었습니다. 자신들을 그토록 괴롭혀 온 저들에게 가서 말씀을 전하라는 하나님의 명령에 요나는 저항합니다. 그는 하나님의 얼굴을 피하여 상대적으로 가까운 니느웨를 놔두고, 욥바 항구에서 배를 타고 정반대인 다시스, 오늘날의 스페인으로 달아납니다. 그러나 중요한 것은 그에게 '하나님의 말씀이 임했다'는 것입니다.

하나님은 저 악한 니느웨 백성들이 회개하는 모습을 보고 이스라엘 백성들도 회개하고 하나님 앞에 온전히 돌아오기를 바라셨습니다. 이런 크고 위대한 하나님의 소위 '스리쿠션 계획'을 알 리 없는 요나는 좌절하여 깊은 잠으로 들어갑니다.

그러나 하나님의 말씀은 빛이십니다. 그 안에 생명이 있습니다(요 1:1). 하나님의 말씀을 듣는다는 것은 언제나 유쾌한일이 아닐 수도 있습니다. 나의 어두움과 상처를 헤집는 피하고 싶은 말씀일 수도 있습니다. 그래도 들어야 합니다. 우리에게 임한 하나님의 말씀은 우리를 놓지 않고 끝까지 설득해나갈 것입니다.

구체적으로 하나님의 인도를 받는 것이 무엇인지, 계속해서 사도행전 27장을 통해 알아보겠습니다. 바울은 로마의 총독부가 있는 가이사랴에서 아드라뭇데노로 가는 작은 배를타고 로마 백부장의 호위 아래 이달리야 로마행 항해를 시작합니다. 시돈을 거쳐 길리기아와 밤빌리아 바다를 건너 루기아의 무라시까지는 무사히 도착했습니다. 바로 이곳에서 애굽에서 곡물을 싣고 로마로 가는 큰 배인 알렉산드리아 호로갈아탑니다.

그러나 2천 년 전 범선, 즉 바람에 의해 항해를 하던 당시의 배는, 바람이 제대로 불어 주지 않으면 기약 없이 도착 일정이 늦어지기 일쑤였습니다. 아니다 다를까, 이번에도 바람이 문제였습니다. 사도행전 27장 7절은 이를 두고 '풍세가 허락하지 않았다'고 말하고 있습니다. 결국 간신히 그레데 해안을 지나 미항이라는 작은 항구에 도착합니다. 사도 바울은이때 이미 항해하기 어려운 계절에 들어섰으니 불편하더라도 이곳 미항에서 머물자고 제안합니다. 평소 하나님의 인도를 받던 바울의 영적인 감각이 동원된 합리적인 제안이었습니다.

그러나 배의 실질적인 책임자였던 로마 백부장은 바울의 말이 아닌 항해 전문가인 선장과 선주의 말을 듣습니다. 선주는 시간이 곧 돈인지라 한시라도 빨리 로마까지 가서 물건을 내려놓고 싶었을 것입니다. 그래야 경비를 줄일 수 있으니까요. 여러분 같으면 누구의 말을 듣겠습니까?

바울은 지금 죄수로서 로마로 압송되는 신분이었고, 옷차림새 역시 보기 민망할 정도로 남루했을 것입니다. 당연히 백부장은 화려하고 멋진 옷을 입고 수많은 항해의 경험과 배의 구조와 항해 능력을 확신하는 선장과 선주의 말을 더 신뢰합니다.

백부장이 선장과 선주의 말을 바울의 말보다 더 믿더라
행 27:11

결국 하나님의 인도를 받는 바울의 말은 무시되고 그대로 출항을 하게 됩니다. 바울이 머물자고 한 미항에 못 있겠다는 이유는 단순합니다. '불편하다'는 것입니다. 이곳 작은 항구에서 머물기에는 여러모로 불편함이 많았던 것입니다. 잠시

순풍이 부는가 싶더니 갑자기 돌풍으로 바뀌고, 감당할 수 없는 유라굴로 광풍을 맞아 배가 난파되기 직전까지 최악의 상황으로 치닫게 됩니다. 하나님의 인도를 받지 못하는 세상 사람들의 전형적인 모습입니다.

가장 안전한 곳

교회 청년부에서 찬양집회를 하는 날이었습니다. 청년들을 담당하는 부장 집사님이 청년들에게 하는 간증을 들었는데, 어찌나 은혜롭던지 하나님께서 그분을 사용하신다는 것을 느낄 수 있었습니다. 간증의 내용은 이랬습니다.

"어려서부터 어머니로부터 육체적 정신적 학대를 받았습니다. 그래서 되도록 어머니 댁에 가고 싶은 마음이 없었습니다. 40대 중반이 된 지금까지도 그 상처가 남아 있습니다. 그러나 학교를 다니는 아들이 코로나 때문에 집에서 자가 격리를 하게 되면서 어쩔 수 없이 제가 어머니 댁으로 들어갔습니다. 퇴근 후에도 당구장 같은 곳에서 시간을 보내며 최대한 늦게 들어가려고 했지요.

그런데 사도 바울이 불편한 미항에 머물라고 한 말씀이 생각났습니다. 하나님께서 마음이 불편한 어머니와 함께하는 시간을 통해서 그동안 제가 얼마나 성장하고 성숙했는지를 점검하실 수도 있겠다는 생각이 들었습니다. 불편한 곳이라도 주님과 함께 잘 머무르는 것이 주님의 뜻이라고 생각하니 어머니 댁에서도 지낼 만했습니다.

사랑하는 청년 여러분, 여러분도 저처럼 부모님이나 회사 동료들과 불편한 관계에 있지 않습니까? 이 불편한 관계를 일부러 피하고 있지 않습니까? 그러나 여러분이 하나님의 인도를 받지 않고 세상으로 나가 봐야 마주하게 되는 것은 풍랑입니다. 저도 그렇게 할 테니 여러분도 하나님의 말씀으로 인도받아 불편한 미항일지라도 그곳이 가장 안전한 곳임을 믿고 우리 함께 잘 머물러 봅시다."

청년부 부장님이 자신의 연약함을 오픈하면서 하나님의 인도를 받는 은혜로운 모습을 보여 주었습니다. 심리적으로도 맞는 것이, 이제 불혹이 된 그분에게는 어머니와의 관계를 풀어내기 위한 건강한 직면이 필요합니다. 계속 도망 다니기만 하면 그 상처가 무의식으로 남아서 평생 발목을 잡을 것이기 때문입니다.

청년부 부장님의 간증을 듣는 청년들의 표정과 눈빛을 보았습니다. 그들은 반응하고 있었습니다. 그들 중에는 아버지와 불편한 관계로 인해 집에 들어가기 싫은 청년도 있었고,

어렵게 들어간 직장을 인간관계의 어려움으로 인해 대책 없이 그만두려는 청년도 있었습니다. 집회를 마치고 나가는 청년들의 얼굴에서 하나님의 말씀의 인도를 받겠다는 굳은 의지가 보여서 목사로서 너무 기뻤습니다.

이 시대를 멀티미디어 시대라고 합니다. 특히 인터넷을 통해 무한정 공급되는 수많은 정보들은 하나님의 말씀보다 더 많은 영향력을 미치고 있습니다. 연구 결과에 의하면 자기 효능감 즉 자존감이 낮은 사람일수록 인터넷에 더 과몰입하는 중독 증상을 보인다고 합니다. 학자들은 이들 인터넷 중독 증상을 보이는 사람들이 자존감뿐만 아니라 우울 성향, 충동성 등도 높은 수치를 보여 인터넷과 심리적인 문제가 연관이 있다고 보고하고 있습니다.[4]

뛰어난 성적과 우월한 외모가 아니면 아무것도 아닌 것처럼 여겨지는 우리 사회의 환경에서는 청소년과 청년들의 자존감이 낮을 수밖에 없습니다. 그들이 어째서 스마트폰을 손에서 놓지 못하는지 이해가 됩니다.

많은 사람들이 하나님의 인도를 받기 위해 말씀 앞에 머물기보다 파란 창에 의지하여 검색어를 입력합니다. 하나님이 어떻게 일하시는지, 무엇을 기뻐하고 싫어하시는지, 어떻게 성경의 인물들을 인도하셨는지 묵상하는 데 시간을 할애하지 않습니다. 마치 하나님의 인도를 받는 바울보다 전문가인 선장과 선주의 말을 더 믿는 백부장과 같습니다.

큐티는 매일매일 가장 먼저 하나님의 말씀 앞에 머물고, 그것을 묵상하며 내 마음과 생각과 행동을 하나님의 말씀으로 인도받는 것입니다. 그런 날들이 쌓이고 쌓여서 하나님의 인도를 받는 인생이 되는 것입니다.

오늘부터 당장 포털사이트에 접속하기 전에 하나님의 말씀에 먼저 접속해 보면 어떨까요? 하나님의 인도가 당신을 기다리고 있습니다.

○ 큐티는 내 삶의 다양한 문제를 놓고
하나님의 말씀의 인도를 받는 것이다.

○ 수많은 정보의 홍수 속에서 오직 하나님
의 말씀을 우선순위에 놓아야 한다.

2장

에피타이저

큐티는 준비가
더 중요하다

태도가 중요하다

EBS에서 출판한 《0.1%의 비밀》[5]이라는 책에는 흥미로운 분석이 있습니다. 전국 고등학교 2학년 62만 5천 명 중 학력지수 800등 안에 드는 0.1%의 아이들을 대상으로 아이큐와 성격 그리고 그들의 부모님의 소득을 비교해 보았습니다. 그런데 다양한 기초 사고 능력까지 비교해 보았지만 의외로 별것 없었습니다. 여느 평범한 아이들과 눈에 띄게 다른 점이 발견되지 않았습니다. 다만 한 가지 엉뚱한 부분에서 공통적으로 높은 점수를 보였는데, 그것은 바로 놀랍게도 이타성이었습니다. 물론 모든 사회과학 연구가 그 대상과 연구 여건에 따른 한계가 따르기 때문에 모두가 그렇다고 일반

화하기는 어렵습니다. 하지만 저는 그리스도인으로서 또 목회자로서 이 연구 결과가 몹시 반가웠습니다. '내가 가르치고 있는 것이 맞구나' 하는 안도감도 느꼈습니다.

저는 먼저 신학을 공부하고 사회과학을 공부했습니다. 그렇게 하기를 잘했습니다. 만약 사회적 현상을 과학적으로 탐구하는 사회과학을 공부하지 않았다면, 교회 밖에서 성경의 진리가 옳다는 것을 과학적 연구 데이터로 확인하게 될 때 느끼는 재미의 쏠쏠함을 놓치고 말았을 것입니다.

0.1%의 아이들이 평범한 아이들과 별반 차이가 없는데 이타성에서 유의미한 차이점을 보였다, 무슨 뜻일까요? 이 아이들은 공부하는 태도가 조금 남달랐다는 뜻으로 해석할 수 있습니다. 보통 학업 동기와 성취를 방해하는 요소로서 경쟁심과 남보다 뒤처질 것 같은 불안감이 있습니다. 많은 아이들이 이런 경쟁심과 불안을 넘나드는 이 생각 저 생각을 하다가 시간을 보내고 책상을 정리하고 나면 피곤해서 자 버립니다. 공부를 잘하기 어려운 거죠. 그러나 이타성, 즉 내가 공부를 해서 다른 사람들을 어떻게 돕고 공적으로 어떻게 쓰임 받을 것인지를 생각하는 이타적인 아이들은 그렇지 않은 아이들보다 훨씬 더 몰입이 잘된다고 합니다.

이처럼 무엇을 하든 그것을 대하는 태도가 중요합니다. 하물며 말씀을 묵상하는 사람의 태도는 두말할 나위가 없습니다. 고등학교 1학년 때 예수님을 영접하고, 이후 저를 양육해 주신 선생님께 건네받은 큐티책으로 말씀을 묵상한 지 벌써 꽤나 많은 시간이 지났습니다. 말씀을 묵상하면 할수록 하나님은 그 말씀을 대하는 사람의 태도를 보신다는 생각을 하게 됩니다. 바쁜 일상 중에도 내가 가장 사랑하는 하나님과 말씀으로 교제하는 것을 소중하게 여기고, 내 뜻과 내 생각이 아닌 하나님이 기뻐하고 원하시는 오늘 하루를 살고 싶은 마음의 태도를 가진 사람을 하나님은 말씀으로 만나 주십니다.

영적인 사모함이 필요하다

큐티할 때 가장 좋지 않은 태도는 마치 숙제하듯이 의무적으로 또는 습관적으로 하는 것입니다. 말씀의 인도를 받을 생각도, 하나님의 마음을 느껴 볼 생각도 없이 그저 해야 하니까 하는 그런 태도 말입니다. 차라리 그런 큐티라면 잠시 쉬는 것도 괜찮습니다. 큐티를 하루 안 한다고 해서 벌을 받거나 지옥에 가지 않습니다.

그러나 구원받은 하나님의 자녀라면 그 안에 성령님이 거하시므로 자연히 하나님의 말씀 앞으로 나아가고 싶습니다. 말씀을 보고 싶고, 기도하고 싶고, 찬양하고 싶고, 공동체와 함께 교제하고 예배하고 싶은 영적인 사모함을 성령님께서 주시기 때문입니다. 바로 그때 진지하고 준비된 태도로 하나님의 말씀 앞에 나아가야 합니다.

너를 낮추시며 너를 주리게 하시며 또 너도 알지 못하며 네 조상들도 알지 못하던 만나를 네게 먹이신 것은 사람이 떡으로만 사는 것이 아니요 여호와의 입에서 나오는 모든 말씀으로 사는 줄을 네가 알게 하려 하심이니라 신 8:3

예수님께서는 마태복음 4장 4절에서 이 신명기 8장 3절의 말씀을 인용하여 광야에서 금식한 자신을 먹을 것으로 시험하는 사탄의 시험을 이기셨습니다. 음식 가지고 장난을 치면 안 된다고 하지 않습니까? 음식은 사람의 생명과 연결되어 있기 때문이지요. 예수님은 육신의 음식과 하나님의 말씀을 동일한 선상에 놓으심으로써 아무리 바쁘고 힘들더라도 '다 먹고 살기 위해 하는 거 아니냐'면서 식사 시간을 확보하듯이, 하나님의 말씀을 묵상하는 시간을 확보하라고 말씀하십니다.

영국의 그리스도인들은 'No Bible No Breakfast'라고 말합니다. 예수님의 말씀에 근거하여 말씀을 먹지 않으면 아침밥도 먹지 않겠다는 다짐을 담은 선포입니다. 여러분은 어떠십니까? 말씀을 묵상하는 시간을 식사 시간만큼이나 진지하고 반드시 지켜야 할 시간으로 삼고 있습니까? 아니면 그냥 육신의 밥만 먹고 살고 있습니까? 만약 영혼을 지닌 하나님의 자녀인 우리가 그저 육신의 밥만 먹고 산다면 영혼이 없는 짐승들과 다를 바가 없다고 말할 수 있을 것입니다.

오래전 청년 시절 선교단체 간사로 있을 때, 그 선교단체에서 실시하는 국제훈련에 참석한 적이 있습니다. 동아시아 지역의 간사들이 지역 본부가 있는 말레이시아 쿠알라룸푸르에 모여서 훈련을 받는 시간이었습니다.

아침마다 말씀을 묵상하는 큐티 시간이 있었는데, 다른 나라의 동역자들이 'devotion'(헌신) 하자고 말하는 것이었습니다. 우리 같았으면 큐티를 하자거나, 말씀을 묵상하고 나누자고 했을 텐데, 이분들은 'devotion' 하자고 했습니다. 거기서 또 배웠습니다. 이분들은 단순히 성경을 공부하거나 지적인 동의에서 그치는 말씀 묵상이 아니라, 오늘 주신 말씀이 어떤 것이든, 그 말씀에 헌신하기로 다짐하는 태도로 말씀을 묵상하고 있었습니다. 하나님의 말씀에 반응하고, 하루를 그 말씀에 따라 헌신, 즉 마음과 시간과 행동을 맞춘다는 태도를 가지고 예배하는 삶을 사는 것이 큐티의 정신입니다.

。무엇보다 큐티에 임하는 태도가

　　　중요하다.

。숙제하듯 하지 말고 그날 주신 말씀에

　　　헌신해야 한다.

시간을 마련하라

새벽 아직도 밝기 전에 예수께서 일어나 나가 한적한 곳으로 가사 거기서 기도하시더니 막 1:35

마가복음 1장에서 볼 수 있는 예수님의 스케줄은 빡빡합니다. 안식일에 회당에 들어가 말씀을 가르치셨습니다. 이때 예수님의 가르침은 서기관들의 가르침과는 질적으로 달랐습니다. 권위가 있었고 신령한 은혜가 있었습니다. 그러나 따가운 눈초리와 온몸으로 예수님을 경계하는 태도를 보이는 유대교 지도자들 앞에서 말씀을 전하는 일은 고역이었을 것입니다. 저도 설교하는 사람입니다만 반응이 없고 특히 설교 자체를 거부하는 청소년들, 그것도 중2병 친구들 앞에서 설교하는 일은 가끔 악몽에 나올 정도로 쉽지 않습니다.

상황은 더 악화되었습니다. 예수님이 말씀을 전하시는 회당에 더러운 귀신 들린 사람이 갑자기 소리를 질러대는 것이었습니다(막 1:23). 하는 말도 가관이었습니다.

나사렛 예수여 우리가 당신과 무슨 상관이 있나이까 우리를 멸하러 왔나이까 나는 당신이 누구인 줄 아노니 하나님의 거룩한 자니이다 막 1:24

귀신도 예수님이 누구신지 알았습니다. 집회 분위기는 일순간 얼어붙고, 모두가 예수님의 입만 쳐다보고 있었습니다. 그때 예수님은 그 귀신 들린 자를 꾸짖어 잠잠하게 하시고 그 사람 안에서 귀신을 내어 쫓으셨습니다. 이 광경을 목격한 사람들은 과연 이분이 누구시기에 더러운 귀신도 순종케 하는가 놀라워했고, 이 소문은 삽시간에 주변으로 퍼져 나갔습니다.

한바탕 난리가 난 집회를 마치고 예수님은 회당에서 나오셔서 야고보와 요한과 함께 시몬과 안드레의 집에 들어가십니다. 가 보니 시몬의 장모님이 열병으로 누워 있었습니다.

저도 병원에 환자 심방을 많이 가지만, 이게 은근히 기 빨리는 일입니다. 하루에 몇 군데 심방, 특히 중환자들을 방문하여 기도하고 아픔을 공감해 드리다 보면 육체적으로 힘든 일은 아니지만 은근히 에너지를 많이 쓰게 됩니다. 예수님은 역시 시몬의 장모의 손을 잡아 일으키시며 오랫동안 고치지 못하던 병을 고쳐 주셨습니다(막 1:31). 여기서 그치지 않고 날이 저물자 병든 사람과 귀신 들린 사람들이 예수님께 모여들었고, 예수님은 그 많은 병들고 귀신 들린 사람들을 고치고 온전케 하셨습니다.

이상이 마가복음 1장 35절 이전의 예수님의 스케줄이었습니다. 만약 여러분이라면 이 스케줄을 감당하고 나서 어떤 시간을 보내겠습니까? 십중팔구 아무 생각 없이 푹신한 침대나 소파에 파묻혀 쉬고 싶을 것입니다. 아닌가요?

예수님의 스케줄은 피곤하고 힘든 일정이었습니다. 사실 예수님뿐만 아니라 현대인들, 특히 대한민국의 청소년, 청년, 직장인들 모두 바쁩니다. 좁은 대학과 취업의 문을 통과하고 나서도 집 마련과 자녀교육, 승진 등 계속해서 극도의 스트레스와 쉴 틈 없는 일정에 내몰리게 됩니다. 예수님만큼, 아니 예수님보다 더 바쁘게 살아가지는 않습니까?

그러나 예수님은 바로 이때 하나님과 교제의 시간을 우선순위로 확보하십니다. 예수님의 그 시간은 새벽이 밝기도 전인 새벽 미명이었습니다. 제가 편집장을 하면서 만들던 청소년 큐티책의 이름이 '새벽나라'입니다. 지금은 소천하신 온누리교회 고 하용조 목사님이 지어 주셨다고 들었습니다.

예수님은 완전한 신이신 하나님의 아들이면서 동시에 완전한 육체를 가진 사람이었습니다. 그랬기에 예수님도 피곤함을 느끼셨을 것입니다. 그럼에도 불구하고 예수님은 하나님과 일대일로 만나는 시간을 마련하셨습니다. 지금 이 시간이 아니라면 그럴 만한 시간이 없다고 판단하셨던 것이지요. 아무한테도 방해받지 않는 새벽 미명 한적한 곳에서 예수님은 하나님과 만남의 시간을 가지셨습니다. 하루의 가장 첫 시간을 사용하신 것입니다.

하나님과 교제할 때 누리는 유익

마가복음 1장에는 하나님과의 교제를 우선순위에 두는 것의 두 가지 유익이 잘 나타나 있습니다.

하나는 하나님의 인도를 받는 것입니다. 35절에서 예수님의 기도가 끝나자마자 사람들이 예수님을 찾습니다. 모든 사람이 예수님을 찾고 있다는 것입니다(37절). 마치 이 세상의 왕을 찾기라도 하는 것처럼, 정치인처럼, 연예인처럼 대중은 예수님을 찾습니다.

그러나 예수님은 38절에서 "다른 가까운 마을로 가자"고

하십니다. 한 곳에 머물러 인기와 명예를 누리는 것이 하나님의 뜻이 아니었기 때문입니다. 지금은 자신을 찾지만 언제 자신에게 등을 돌릴지도 모르는 대중의 인기에 예수님은 휘둘리지 않으셨습니다. 다만 자신이 이 땅에 온 목적을 잊지 않으셨습니다. 그저 바쁘게, 열심히만 살면 이런 분별을 하지 못합니다. 하나님과 교제하는 시간을 우선순위에 두고 지키는 사람만이 누릴 수 있는 은혜입니다.

하나님과의 교제를 우선순위에 두는 것의 또 다른 유익은 더 많은 능력을 행하는 것입니다. 충전하지 않은 핸드폰을 사용할 수 없습니다. 예수님은 하나님과의 교제 시간을 확보하고 그 시간을 영적 충전의 시간으로 삼으셨습니다. 그 결과 갈릴리 온 땅과 여러 회당에 다니시며 전도하고 더 많은 귀신 들린 자들을 고치셨습니다.

이 세상 모든 주님의 종들과 하나님의 사람들은 반드시 이런 영적 충전의 시간을 가져야 합니다. 먼저 하나님의 말씀 앞에서 그 말씀을 묵상하고 기도함으로 영적으로 항상 충전을 받아야 합니다. 만약 누군가에게 말씀을 전하기만 하고 정작 은혜받는 청중으로서의 삶이 없는 사람은 이내 영적 탈진을 겪게 될 것입니다. 우리에게 말씀 묵상과 기도의 시간이 없다면 기름이 없거나 배터리가 방전된 자동차처럼 멈춰 서게 될 것입니다.

예수님의 시간은 새벽 미명이었지만, 하나님의 말씀을 묵상하고 기도하는 시간이 꼭 새벽일 필요는 없습니다. 각자의 생활리듬에 맞추어 하루 가운데 가장 컨디션이 좋고 집중이 잘되는 시간을 하나님께 내어 드리면 됩니다. 학생이나 직장인이라면 남보다 조금 더 일찍 등교하거나 출근해서 수업과 업무를 시작하기 전의 시간이 좋을 것이고, 가정주부라면 식구들이 다 나간 한적한 오전이 좋을 것입니다. 이도 저도 아닐 경우, 집에 돌아와 잠자리에 들기 전의 시간일 수도 있습니다.

그런데 잘 생각해 보십시오. 내가 가장 집중이 잘되는 시간에 무엇을 하는지. 대개의 경우 놀거나 내가 하고 싶은 일을 하지 않습니까? 하나님을 정말로 사랑한다면 어찌 일주일에 한 번만 만나십니까? 적어도 하루에 한 번은 뵈어야 하지 않을까요? 연인끼리는 틈만 나면 전화 통화하고 문자 보내고 하면서 소통합니다. 사랑하기 때문에, 좋아하기 때문입니다.

아무리 바쁘고 중요한 일이 있을지라도 하나님과의 시간을 우선순위로 확보해야 합니다. 저는 청소년 사역을 하면서 고3이라고 예배를 빠지고, 큐티하지 않고, 교회 수련회를 당연히 못 가는 것으로 여기는 것을 용납하지 않았습니다. 중요한 때일수록, 더 집중해서 공부해야 하는 때일수록 하나님과의 교제를 우선순위로 확보해야 합니다.

만약 모든 영적인 활동을 다 빼 놓고 대학에 합격한들 무슨 의미가 있습니까. 인생이라는 마라톤은 하나님과 함께 뛰어야 진정한 승리를 할 수 있습니다. 만약 바쁘다는 핑계로 말씀 묵상하는 시간을 소홀이 한다면 방향이 잘못되어서 결국 결승점과 멀어지는 인생의 마라토너가 될 것입니다.

정신과 의사 양창순 박사님이 쓴 《나는 외롭다고 아무나 만나지 않는다》[6]라는 인상적인 제목의 책이 있습니다. 이 책에서 양 박사님은 이런 말을 했습니다.

"연애를 하면 행복할 줄 알았는데 더 외롭고 불행한 이유를 모르겠다고 이야기하는 사람들이 있다. 이런 사람들은 연애를 겁내면서도 끊임없이 상대를 찾아다닌다. 그런가 하면 단 한 번도 쉬지 않고 바로바로 연애를 하는 사람도 많다. 그러나 외롭다고 해서 혼자 있는 시간을 못 버티고, 혼자 있는 방법을 모르고 살아간다면, 더 큰 외로움에 노출될 것이다. 막연하게 외롭다는 이유로 기댈 누군가를 찾고 있다면, 그저 혼자 있고 싶지 않다는 생각에 마음에도 없는 연애를 시작하려 한다면, 자신의 외로움이 어디서부터 오는 것인지 살펴볼 필요가 있다."

이 책의 요지는 혼자 있는 법에 익숙하지 않고, 외로움의 심리적인 문제를 해결하지 않은 채 연애에 집착하면 긍정적인 결과를 얻을 수 없다는 것입니다. 그래서 '외롭다고 아무나 만나지 않는다'가 책 제목이겠지요. 그런 면에서 예수님은 외롭지 않으셨을 것 같습니다. 언제나 마음의 힘듦이나 외로움이나 어려움을 하나님과 교제함으로써 해결하셨으니까요.

저는 신학을 공부하고 청소년 상담을 공부했습니다. 그리고 상담 현장에서 이런 젊은이들을 많이 만났습니다. 심리학과 상담이 제공하는 유익이 있습니다. 내담자는 상담자에게서 공감과 해석을 받고 자신의 심리적 문제에서 서서히 빠져나옵니다. 그러나 문제는 그 이후입니다. 이 상태를 어떻게 유지할 것인가입니다. 이 문제는 하나님과의 지속적인 교제로 해결해야 한다고 믿습니다. 외롭다고 아무나 만나는 인생이 아니라, 우리 주님의 말씀 앞에서 위로받고, 용기를 얻고, 때론 눈물도 흘리고, 때론 크게 웃으면서 하나님과 교제하는 삶을 살아야 합니다.

◦ 아무리 바쁘더라도 큐티 시간을 확보

　해야 한다.

◦ 하루 가운데 가장 집중이 잘되는 시간을

　큐티 시간으로 확보하라.

공간을 위한 팁

　　유현준 교수님은 제가 좋아하는 건축학자입니다. 본인이 교회 집사라고 공중파에서 밝히는 것을 보면서 호감을 가지게 되었습니다. 대학교수이면서 건축사 사무실을 운영하는 현업 건축사인 유 교수님의 책《공간의 미래》에는 종교와 공간에 대한 언급이 있습니다. 그는 "종교만큼 공간과 권력의 메커니즘을 잘 보여 주는 분야도 없다"고 말합니다.[7] 즉 종교는 예로부터 눈에 보이지 않는 것을 믿게 하기 위해 눈에 보이는 공간을 많이 이용했다는 것입니다. 고대의 알타미라 동굴, 로마의 판테온 신전이 그 예입니다.

　　유 교수님은 신앙생활에 있어서도 공간은 꽤나 큰 영향을 미친다고 말합니다. 같은 시간, 같은 장소에 사람을 모아서 한 방향을 바라보게 하면 그 시선이 모이는 곳에서 권위가 발생하기 때문에, 자연스럽게 설교자에게 권위가 발생하는 것이 바로 오늘날 기독교의 예배당 구조라는 것이지요. 의미 있는 해석이라고 생각합니다.

무슨 일을 하든지 공간이 주는 분위기와 느낌이 중요합니다. 특별히 말씀 묵상을 할 때 공간이 중요합니다. 요즘 캠핑이 대세입니다. 왜 따뜻한 집을 놔두고 굳이 집 밖으로 나가 캠핑을 하는 걸까요? 그것은 자연 속 텐트 안이라고 하는 그 공간이 주는 아늑한 느낌 때문입니다. 캠핑족들이 올린 사진을 보면 그 따뜻하고 아기자기하며 훈훈한 분위기가 너무 멋집니다. 이 맛에 캠핑을 하는구나 공감하게 됩니다. 집을 나와 이런 공간에 들어가게 되면 부부 간에, 부모와 자녀 간에 자연스러운 소통이 이뤄지게 됩니다. 공간이 주는 힘이죠. 하물며 하나님과 교제하는 말씀 묵상을 하는 공간의 중요성은 두말할 나위가 없습니다.

가끔 출근길의 버스나 전철 안에서 큐티책을 펼쳐 들고 묵상을 시도하는 분들을 만납니다. 큐티책을 만들었던 사람으로서 독자들을 만나게 되면 반갑기도 하지만 사실은 좀 안타까운 마음이 있습니다. 우리 주님과 만나는 시간을 자투리 시간에 두는 것 같아서 그렇습니다. 중요한 분을 만날 때 따로 시간과 장소를 마련하는 것이 좋지 않을까요? 우리 하나님이 중요한 분이 아니신가요? 중요하다면 마땅히 하나님과의 교제를 위해 쾌적하고 조용한 시간과 장소를 구별하여 마련할 것을 권합니다.

과거 교회에서 부교역자 사역을 할 때의 일이었습니다. 고난으로 치면 욥도 울고 갈 만한 고난을 겪고 있는 한 집사님이 있었습니다. 그런데 집사님은 이 고난 중에도 언제나 환한 얼굴로 사람들을 섬기고 위로했습니다. 사정을 아는 분들은 이분의 신앙에 깊은 은혜를 받는 동시에 하나님께서 이분의 고난을 해결해 주시기를 중보했습니다.

어느 날 집사님 댁에 심방을 갔다가 집사님이 고난 중에도 하나님을 바라보며 승리하는 비결을 발견할 수 있었습니다. 아담한 2층 집이었는데, 1층에서 2층으로 올라가는 계단 밑에 작은 문이 하나 있었습니다. 그 문을 열어 보니 숨은 공간이 있었는데, 사람 하나 들어갈 만한 좁은 공간에는 방석이 깔려 있었고, 성경과 노트가 펼쳐진 상이 있었으며, 성경책 위에는 갓이 씌워진 전등이 내려와 있었습니다.

그때 알았습니다. 집사님은 수시로 그곳에서 하나님을 뵈었던 것입니다. 그곳은 집사님의 기도의 골방이었습니다. 한 평 남짓의 작은 공간이었지만 집사님은 이곳을 넓디넓은 하나님의 나라를 소유하는 공간으로 삼고 있었습니다.

분위기를 조성하라

예수님은 한적한 공간을 좋아하셨습니다. 조용하기 때문이죠. 조용하다는 것은 세상의 잡음으로부터 단절되어 오롯이 주님의 음성에 귀 기울일 수 있다는 것을 의미합니다.

우리는 거의 하루 종일 소음 가운데 살아갑니다. 특히 각종 음향기기에 노출되어 있지요. 하나님의 말씀을 소리 내어 읽고 그 말씀의 의미를 묵상하려면 조용해야 합니다. 아무리 좋은 공간이라도 조용하지 않으면 하나님의 음성을 들을 수 없습니다. 성경은 하나님의 음성이 세미하다고 했습니다(왕상 19:11-13). 세미한 하나님의 음성을 들으려면 시끄러운 환경에서는 들을 수 없습니다.

점심시간만 되면 밥을 일찍 먹고 사라지는 직장인이 있더랍니다. 어디를 가는지 궁금했던 친구가 뒤를 밟아 보니, 글쎄 이분이 아무도 오는 이 없는 회사의 지하 자재창고에서 큐티를 하고 있더랍니다. 밥 먹고 동료들과 커피를 마시며 쉼을 갖는 시간에 이분은 조용하고 한적한 공간을 찾아 하나님과 만남의 시간을 가졌던 것입니다.

저는 아침에 서재로 내려와 말씀을 묵상합니다. 원래 제 서재는 조금 답답한 구조였습니다. 그래서 교회와 상의해서 바로 앞 공원이 내려다보이는 쪽을 통창으로 교체했습니다. 통창 너머로 사계절의 변화가 눈에 들어옵니다. 비 내릴 때는 비가, 눈 내릴 때는 눈도 보입니다. 파란 하늘도 보입니다. 마치 하나님이 저를 보고 계시는 것 같습니다. 돈 써서 공사하기를 참 잘했다 싶습니다. 자꾸만 이곳에 내려와 큐티하고 싶고 책을 읽고 싶습니다. 공간이 주는 유익입니다.

만약 말씀 묵상이 정체기에 빠져 있다면 큐티를 위한 공간을 마련해 보라고 말씀드리고 싶습니다. 그만큼 의미 있는 일이니 시도해 보십시오. 남들은 코로나로 인해 헬스 클럽을 못 가니 집에다 홈 트레이닝 시설을 설치한다고 하더군요. 왜 운동방은 만들면서 큐티방은 못 만드나요? 몸만큼 영혼도 중요하지 않나요? 식탁 한켠 작은 공간이라도 마련해 보시기를 권합니다.

또 하나의 팁을 드리면, 조명과 향기, 커피, 음악으로 공간을 돋보이게 하는 것입니다. 일단 조명을 밝게 하십시오. 차가운 형광등 불빛보다 따뜻한 주광색 불빛이 좋습니다. 그리고 저는 종종 묵상에 도움이 되는 피아노 찬양이나 첼로, 바이올린 찬양 같은 음악을 틀어 놓습니다. 막상 묵상에 들어가면 끕니다. 이때 향초 같은 것을 태워 주면 분위기가 훨씬 좋아집니다. 로스팅 잘된 원두 커피가 있으면 더할 나위가 없겠지요. 이런 것들이 어울려 우리 주님과 데이트할 최고의 분위기를 조성합니다.

아무런 준비 없이 대충 해치우는 큐티와 이렇게 분위기 잡고 진지하고도 낭만적으로 하는 큐티는 당연히 질적으로 다를 수밖에 없지 않을까요? 뭐가 그리 준비가 많냐구요? 우리 주님 만나는 일인데, 이쯤은 해야 한다고 생각합니다. 청년 시절 데이트한다고 준비하던 설렘도 느낄 수 있고 꽤나 근사한 경험을 매일 할 수 있으니 얼마나 좋습니까? 너무 바빠서 이것저것 다 안 된다면, 자판기 커피 한잔 들고 휴게실 한편 방해받지 않는 장소로 가도 좋습니다. 그 모습만으로도 근사해 보일 테니까요.

교재를 구별하라

　　　노란색 표지에 보색 관계인 검정색 볼드체 글씨로 쓴《아주 작은 습관의 힘》이란 책이 있습니다. 제임스 클리어가 쓴 책으로, 심플하면서도 눈에 확 띄는 표지 디자인이 인상적입니다. 거기에 '왜 집보다 스타벅스에서 공부가 더 잘될까'라는 글이 있습니다.[8]

　　저자는 습관을 촉발하는 신호는 처음 단계에서는 매우 특정한 것일 수 있다고 말합니다. 시간이 지나면서 우리의 습관은 한 가지 촉매에 따른 것이 아니라 행동을 둘러싼 전체 맥락과 연결되기 시작하는데, 예를 들면 사람들은 집에 혼자 있을 때보다 사회적 상황에서 술을 더 많이 마신다는 것이지요.

또한 불면증과 관련된 한 연구에서 과학자들은 불면증 환자들에게 피곤할 때만 침대에 누울 것을 지시한다고 합니다. 그러면 시간이 지나면서 이들은 침대를 수면 행위와 연결시키기 시작하고, 이전보다 침대에 누웠을 때 빨리 잠들 수 있었다는 것입니다. 즉 이런 맥락의 힘은 행동을 변화시키는 중요한 전략이 되는데, 새로운 환경에서는 습관을 바꾸기가 훨씬 더 쉽습니다.

왜 안 되던 공부가 스타벅스만 가면 잘될까요? 현재의 습관을 계속 이어 가도록 몰아가는 촉매와 신호들에서 우리를 탈출하도록 도와주기 때문인데요. 제임스 클리어는 색다른 카페, 공원 벤치, 평소 거의 이용하지 않는 방구석 자리 등 새로운 장소로 가서 새로운 습관을 만들어 보라고 말합니다. 더욱 창조적으로 생각하고 싶다면 더 큰 방, 옥상 테라스, 고가의 구조물이 있는 건물로 가라고 말합니다. 특정한 패턴을 떠올리게 하는 현재와 관계된 것, 일상적인 일을 하는 장소에서 나오라는 것이 그의 주장입니다. 일리가 있다고 봅니다.

그래서 사람들은 어떤 행위를 하는 전용 공간을 선호합니다. 이런 맥락에서 말씀 묵상을 할 때, 구별된 교재를 사용할 것을 추천 드립니다. 정기적으로 배달되어 내 책상 위에 올라오는 그 교재가 큐티라고 하는 새로운 습관을 만드는 데 중요한 신호가 될 수 있기 때문입니다.

말씀 묵상을 매일 규칙적으로 밀리지 않고 하기란 쉽지 않습니다. 며칠만 안 해도 포기하기 십상입니다. 바로 그때 달이 바뀌어 새로운 큐티책으로 시작하는 시점이 되면 그 자체가 다시 큐티를 시작하게 하는 신호로 작용할 수 있습니다.

큐티를 돕는 교재가 필요 없다고 주장하시는 분들은 보통 성경책으로 한다고 합니다. 그러나 이 경우 큐티를 실패한 사람에게 뭔가 새로운 동기부여가 필요할 때 두꺼운 성경책 자체는 아무래도 동기부여가 덜 되지 않을까요? 물론 말씀을 너무 사랑하는 분들이라면 그렇지 않겠지만, 지금 우리의 논의는 그렇지 않은 분들을 대상으로 하고 있으니까 계속 말씀드려 보겠습니다. 성경책 자체로 말씀 묵상이 원활하게 이루어진다면 더할 나위 없이 좋을 것입니다. 그러나 그렇게 할 수 있는 사람이 얼마나 될까요? 그래서 말씀 묵상에 도움이 되는 보조교재를 이용하는 게 좋습니다.

말씀 묵상을 돕는 책들을 여러 권 보았지만, 교재 자체에 대해서 언급하는 책은 거의 찾아볼 수 없었습니다. 이 책을 집필하면서 관련 서적 20권 정도를 보았는데, 대부분의 사람들이 큐티책을 이용해 큐티를 하는데도 정작 교재에 대한 언급은 하고 있지 않아서 아쉬웠습니다. 필자들이 하지 않을 때는 다 이유가 있겠지만 그래도 저는 언급하는 게 독자들에게 유익하다고 생각해서 용감하게 말씀드려 봅니다.

큐티를 돕는 보조교재들

시중에 나와 있는 큐티를 돕는 보조교재들은 어떤 것이 있을까요? 크게 몇 가지로 구별할 수 있습니다.

첫 번째 큐티 교재는 본문 수록 형태입니다. 이는 성경 한 권을 선택하여 본문을 순서대로 묵상하는 교재와 주제별로 묵상하는 교재가 있습니다.

성경 한 권을 선택하여 1장부터 마지막 장까지 묵상해 나가는 형식의 교재가 다수를 이루고 있기는 합니다. 교재를 출판하는 출판사마다 나름의 커리큘럼을 가지고 몇 년에 걸쳐서 신약 몇 번, 구약 몇 번을 묵상하는 식입니다. 보통 구약과 신약을 넘나들기도 하지만 한 권을 묵상하면 엄청나게 긴 성경이 아니고서야 보통 끝까지 묵상하도록 스케줄을 잡고 있습니다. 하루에 묵상하는 본문의 양은 성경에 따라 다르지만 10절에서 20절 정도를 기본으로 하여 한 장을 넘기지 않도록 하는 것이 큐티 교재 편집의 암묵적인 룰이기도 합니다.

또한 주제별 큐티 교재도 있습니다. 매일 성경 본문이 달라지는 교재입니다. 특정 대상을 독자로 하는 경우인데, 가령 수험생을 위한 100일 큐티, 결혼준비를 위한 100일 큐티와 같은 제목의 교재들입니다. 이 교재들의 단점은 성경 자체가 가지고 있는 구조를 묵상하기보다는 편집자가 뽑아 놓은 구절들을 묵상하게 됨으로써 문맥이 무시되거나, 자의적인 해석을 할 수 있는 약점이 있어 개인적으로 추천 드리기는 어렵습니다.

두 번째 큐티 교재의 형태는 본문을 순서대로 묵상해 나가되, 본문 중심의 교재와 예화와 간증 중심의 교재입니다. 이두 교재 모두 본문 해설이 포함되어 있습니다. 문제는 이단단체에서도 큐티책 비슷한 것을 발행하고 있다는 데 주의가 필요합니다.

본문 해설은 매우 신중하고 객관적이어야 합니다. 소위 복음주의 계열의 건강한 성경관을 가진 필자들의 해석이 들어간 교재를 사용해야 합니다. 그런 면에서 검증된 교재를 사용하는 것이 좋습니다. 뭔가 좀 참신하고 처음 보는 해석 같다고 해서 덥석 구입해서 탐독하면 안 됩니다. 이단일 가능성이 많습니다. 읽고 시원한 맛이 없다고 해서 나쁜 교재가 아닙니다. 따라서 오랫동안 한국교회를 섬겨 온 검증된 복음주의 계열의 출판사에서 발행한 교재를 선택하는 것이 안전합니다.

본문 중심의 교재는 해설 외에 다른 내용이 없습니다. 그러나 예화와 간증 중심의 교재는 해설 외에도 그날 그날 본문에 맞는 예화와 묵상 간증이 들어 있습니다.

그래서 처음 큐티를 시작하는 분들의 경우 이 간증과 예화를 읽는 맛에 큐티책을 사는 경우가 많습니다. 그러나 엄밀한 의미에서 그런 큐티책은 권할 만하지 못합니다. 무엇보다 본문에 주안점을 둔 큐티여야 하기 때문입니다. 예화와 간증이 아무리 눈에 들어와도 그것은 하나님의 말씀 자체는 아니기 때문입니다.

세 번째 큐티 교재의 형태는 본문과 노트가 있고 없고의 차이입니다. 그날의 성경 본문을 큐티 교재 해당 날짜의 펼침면에 수록한 것이 있는가 하면, 본문은 붙여 놓지 않은 채 해설과 본문 성경 장절만 제시하는 경우가 있습니다. 그러나 성경책을 직접 가지고 다니기보다 간편하게 휴대하기 편하고 어디든지 가지고 다니기 위해서는 성경 본문 텍스트가 실린 큐티책이 당연히 편리합니다.

또 어떤 큐티 교재는 본인이 묵상한 내용을 마음껏 적을 수 있도록 묵상 노트를 여유 있게 준 교재가 있는가 하면, 노트의 여백이 거의 없고 글만 빼곡한 교재도 있습니다. 개인의 필요에 따라서 구입하면 되겠습니다.

큐티 교재는 왜 필요한가

큐티 교재의 형태는 이 정도로 말씀드리고, 마지막으로 그렇다면 왜 큐티 교재가 필요한지를 설명하고 이 장을 마치고

자 합니다. 말씀 묵상에서 큐티 교재가 필요한 가장 중요한 이유는 '성경 편식증'을 피하기 위해서입니다. 성경 66권에는 다양한 문학 장르의 책들이 있습니다. 구약도 있고 신약도 있습니다. 쉬운 책도 있고 어려운 책도 있습니다.

한세대 차준희 구약학 교수는 한국구약학회 학술대회에서 "최근 한국교회의 구약 설교에 관한 연구" 논문[9]을 발표했습니다. 이 연구 결과에 따르면, 한국교회 12개, 교단 27개의 교회 설교를 조사한 결과 "지난 100년 동안 한국교회의 목회자들이 구약을 본문으로 설교하는 경우가 증가했지만 질적인 수준은 여전히 떨어진다"고 평가했습니다. 그런데 구약의 비중이 늘었다고는 하지만 한국교회 강단의 설교 본문 중 구약이 차지하는 비율은 35.6%인 반면 신약은 63.5%에 달해 여전히 신약 중심의 본문 선택이 이루어지고 있음을 알 수 있습니다.

신학교에서 7년 혹은 3년의 신학 훈련을 받고 설교하는 목회자들도 그럴진대 하물며 평신도들이 말씀을 묵상할 때 어려운 구약성경을 스스로 선택하기는 쉽지 않을 것임은 자명한 사실입니다. 따라서 내가 직접 본문을 선택하여 말씀을 묵상할 경우, 성경 편식증에 걸릴 위험이 높습니다. 큐티 교재를 사용할 경우, 내 의지와 상관없이 성경 전체를 로테이션할 수 있기 때문에 보다 다양한 본문을 골고루 묵상하는 유익이 있습니다.

큐티 교재가 필요한 두 번째 이유는, 건전한 해석의 도움을 받을 필요가 있기 때문입니다. 실력이 되어서 모든 성경 본문을 쏙쏙 이해하면 다행이지만 성경이라는 문헌 자체가 시대적, 문화적 공간을 뛰어넘어야 하고, 신학적 해석도 필요한 책입니다. 따라서 신학 교육과 성경 해석의 기본을 학습하지 않은 평신도들은 자의적 해석과 신비적 해석의 위험에 빠질 가능성이 있습니다. 그래서 신학교 교수님들의 경우, 특히 성경신학을 전공한 교수님들의 경우, 큐티의 이현령비현령(귀에 걸면 귀걸이, 코에 걸면 코걸이) 식 해석을 경계합니다.

맞는 말씀이기는 합니다. 하지만 "옛말에 구더기 무서워서 장 못 담그느냐"는 말이 있지 않습니까? 저는 성경을 아예 안 보는 것보다는 훨씬 낫다고 생각합니다. 그러나 가정과 직장에서 혼자 말씀을 묵상할 때, 도저히 무슨 말씀인지 모르겠거나 어려운 단어들로 가득한 본문을 만났을 때는 큐티 교재의 건전한 해석의 도움을 받으면 좋습니다. 일종의 참고서 역할을 하는 것이죠. 하지만 항상 큐티 교재의 해설부터 읽고 말씀을 묵상하는 것은 좀 아니라고 생각합니다. 이 부분은 읽기, 묵상, 적용을 다룬 장에서 더 자세히 나누겠지만, 큐티 교재는 본문을 보고 이해가 안 되거나 도저히 맥락을 못 잡겠다 할 때만 참고하는 것이 정석입니다.

큐티 교재가 필요한 세 번째 이유는, 제가 큐티 교재를 구별하여 사용하라고 권하는 이유이기도 합니다. 어디든지 가지고 다니기 위함입니다. 물론 두꺼운 성경책을 가지고 다닐 수도 있지만, 큐티책을 간편하게 가지고 다니십시오. 노트도 포함되어 있으니 언제나 묵상의 기록을 그곳에 남기십시오.

무엇보다 가족이 있다면, 연령별로 같은 본문으로 말씀을 묵상하는 유익을 누리길 권합니다. 이 유익은 실로 큰데, 가족 간에 대화의 소재가 말씀이 되기도 하고, 함께 적용할 대상을 정할 수도 있습니다. 신앙의 다음 세대가 하나님의 말씀을 전승받지 못하는 안타까운 시대에 온 가족이 같은 본문으로 말씀을 묵상하고 나누는 아름다운 모습은 우리 주님이 보실 때도 흐뭇하실 것입니다. 각자 다른 본문 다른 말씀으로 묵상하기보다 같은 교재를 가지고, 가족 카톡방에서 함께 나누는 것입니다. 나아가 한 교회가 다 같은 교재로 같은 본문의 말씀을 묵상하면서 같은 영적 코드를 가지고 신앙생활을 한다면 그 유익은 이루 말로 다할 수 없습니다.

결론은 완벽하지 않더라도 큐티 교재를 안 쓰는 것보다는 쓰는 것이 낫다는 것이 제가 말씀드리고자 하는 요지입니다.

○ 큐티 교재는 정체되어 있는 큐티에
   새로운 자극과 활력을 줄 수 있다.

○ 검증된 복음주의 계열의 출판사에서
   발행된 큐티 교재를 선택하라.

읽는 것이 왜 중요한가

　　책을 읽다 보면 책 속에서 재야의 고수들을 만나게 됩니다. 이정일 목사님의 《문학은 어떻게 신앙을 더 깊게 만드는가》라는 책에서 또 한 분의 고수를 만났습니다. 신학과 문학을 전공한 이 목사님은 특히 풍성한 문학 작품을 예로 들어 문학 읽기를 통한 신앙 성장을 설명하는 깊은 내공을 보여 주십니다. 이 목사님은 문학 작품 속에서 삶을 일깨우는 문장을 만나게 된다며 이렇게 말했습니다.

　"소설을 읽다 보면 마음이 뭉클할 때가 있다. 무라카미 하루키가 쓴 《노르웨이의 숲》을 읽을 때였다. '난, 괴로운 일이 생기면 언제나 그렇게 생각해요, 지금 이걸 겪어 두면 나중에 편해진다고.' 이 한 줄을 읽으며 마음이 시원해졌다. 혼란스러운 감정이 정리된 것이다. 예수님이 베드로의 혼란을 '너는 나를 사랑하느냐'라는 한 문장으로 정리했듯이 한 줄의 문장이 괴로운 감정을 간결하게 정리한다. 문학은 은연중에 삶을 깨닫게 해주지만, 어쩌면 설득시킨다는 말이 더 정확할지 모르겠다."[10]

"난, 괴로운 일이 생기면 언제나 그렇게 생각해요. 지금 이걸 겪어 두면 나중에 편해진다고."

그것 참 생각할수록 괜찮은 문장입니다. 작가들의 표현력은 평범한 사람들을 뛰어넘는 그 무언가가 있습니다. 사람은 무언가를 읽어야 합니다. 읽는 행위를 통해서 사고가 발전하고, 감정이 다스려지며, 현실 속에서 어떤 판단을 내려야 할지 그 기준점이 생깁니다. 물론 이정일 목사님처럼 문학 작품마저 독파하면서 그 속에서 보석 같은 진리를 발견한다면 더 좋겠지만, 우선 하나님이 우리에게 주신 말씀부터 읽어야 합니다.

여러분은 무엇을 꾸준히 읽고 있습니까? 사실 우리는 하루 종일 무언가를 읽고 삽니다. 포털사이트에서 뉴스를 읽기도 하고, 운전하면서 표지판을 읽는가 하면, 수시로 들어오는 카톡 메시지와 핸드폰 문자, 이제는 일상이 되어 버린 코로나 관련 안전 안내문자도 읽습니다.

철학자 강영안 선생님은 "우리 모두는 말하는 사람이면서 동시에 읽는 사람"이라고 했습니다. 그는 태어나는 것으로나 그저 먹고사는 것으로 진정한 우리 자신이 되지 않는다며, 사람이 무엇을 읽고 무엇을 듣는가에 따라 자신의 속사람이 만들어진다고 말합니다. 어떤 이야기를 읽고 어떤 이야기를 듣는가, 무슨 책에 감동되고 누구를 닮아 가고자 하는가가 나의 정체성(identity)을 형성한다고 강조합니다. 사람이 무엇을 읽는지, 또한 어떻게 읽는지는 매우 중요한 문제라는 것입니다.[11]

저는 청소년들을 연구하고 상담하고 사역하는 현장 사역자이자 목사로서 이런 글을 읽을 때면 걱정이 밀려옵니다. 왜냐하면 요즘은 그야말로 읽는 시대가 아니라 보는 시대가 되었기 때문입니다. 저는 자주 이런 생각을 합니다.

'우리나라가 인터넷 IT 강국이 된 것이 축복일까?'

물론 국가의 기간 통신망을 확충하는 것이 중요하거니와 땅 좁고, 자원 없으며, 인구 많은 우리나라의 경우 온라인 세상과 전 세계 게임 시장에서라도 강국이 되는 것이 살길이라고 하지만, 청소년들을 만나는 현장에 있는 저로선 걱정이 됩니다. 저뿐 아니라 아마도 많은 부모님들이 아이들 손에 그 지긋지긋한 핸드폰과 컴퓨터 게임 대신 책이 놓이는 게 소원일 것입니다.

관련 연구와 통계는 이런 사실을 뒷받침해 주고 있습니다.

지난 2019년 한국출판문화산업진흥원에서 실시한《청소년 독자, 비독자 조사 연구 보고서》[12]에 따르면, 전국의 만 10세 이상의 학생과 성인 총 1200명을 대상으로 조사한 결과, 초등학생 때까지 독서에 관심이 좀 있다가 중·고등학생이 되면 현저히 감소하고, 청년기인 20대가 되면 조금 늘었다가 이후 계속 줄어드는 소위 M자 형태를 보이고 있다고 합니다.

왜 이런 현상을 보이는 걸까요? 물론 입시라고 하는 복병을 만나 학교 교과서와 문제집을 푸느라 시간이 없다고는 하지만, 그나마 남은 시간을 온전히 온라인 기기 사용에 쏟아붓고 있기 때문이 아닌가 합니다. 한편 이 보고서는 부모가 영향력을 행사할 수 있는 어린 자녀에게 어떤 독서 환경을 제공하느냐에 따라 유의미한 독서량의 변화가 나타난다고 제언하고 있습니다. 즉 부모님이라도 의지를 가지고 책을 읽고 자녀들 가까이에 책을 놓아 독서할 수 있는 환경을 마련해야 한다는 것입니다.

청소년 지도를 하다 보면, 의외로 부모님들이 아이들 앞에서 게임을 하는 문제로 부부간에 불화가 일어나는 것을 보게 됩니다. 자녀나 부모나 모두 읽기보다는 보고, 즐기는 일에 몰입하고 있는 형편입니다. 더구나 이 시대는 글, 즉 책을 읽고 학습하는 것보다 스마트폰과 각종 IT 기기들을 이용한 학습에 익숙해지고 있습니다. 제가 현장에서 느끼는 위기는 세상은 스마트해진다고 하지만 아이들은 스마트해지지 않는다는 것입니다. 실제로 각종 연구 결과들도 이런 위기를 지적하고 있습니다.

"성별에 따른 청소년의 스마트폰 사용의 문제적 경험 관련 요인"[13]이라는 논문을 보면, 스마트폰을 적절히 사용할 경우 단기적으로는 행복이 증가하고 당장의 우울감이 감소할 수 있으나, 지나친 사용과 집착은 우울과 불안을 오히려 증가시킨다고 보고하고 있습니다. 따라서 청소년들의 삶의 질을 향상시키기 위해서 연구자들은 적절한 스마트폰의 사용과 관리가 필요하다고 주장합니다. 적절한 지적이라고 생각합니다.

한 걸음 더 나아가 줄리아나 마이너는 그의 책《디지털 시대에 아이를 키운다는 것》[14]에서 그렇다고 해서 스마트폰이 없는 환경에서 아이들을 키우기란 불가능하기에 자녀에게 첫 핸드폰을 주기 전에 부모와 자녀가 합의하여 핸드폰 사용 계약서 또는 동의서를 작성해 보라고 권유합니다. 그러면 자녀는 일말의 책임감을 가지게 될 것이며, 상호 합의에 이르는 과정을 통해서 부모가 자신에게 기대하는 것이 무엇인지를 명백하게 알 수 있다고 합니다. 그리고 향후 규칙이 지켜지지 않았을 때 아이가 치러야 할 대가에 부모는 중립적인 입장을 취할 수 있고 불필요한 다툼이나 신경전을 피할 수 있게 됩니다.

스마트폰 사용 계약서에 들어갈 내용도 구체적으로 제시하는데, 이를 테면 이런 것들입니다.

"허락 없이 앱을 다운받거나 웹사이트에 가입해서는 안 된다. 침실이나 욕실에서는 영상통화를 하면 안 된다. 또래 친구들과 반 아이들을 포함해 다른 사람의 부적절한 모습을 담은 사진을 요청하거나 저장 또는 공유해서는 안 된다. 동의를 받지 않고 다른 사람의 사진을 찍거나 인터넷에 올려서는 안 된다."

매우 현실적이고 구체적입니다. 청소년 현장에서 종종 일어나는 일들이라는 것은 누구나 잘 알고 있는 사실입니다.

읽기의 유익

신앙적인 측면을 떠나서라도 사람이 글을 읽지 않으면 그 속사람이 성장할 수 없습니다. 생각이 자라지 않습니다. 생각이 자라지 않으면 그 생각의 표현인 언어도 발달하지 않습니다. 요즘 십대들의 언어는 많은 부분이 비속어입니다. 자신의 생각을 논리적으로 차분히 표현할 수 있는 아이들을 만나는 것이 쉽지 않습니다. 그러니 제가 걱정하는 것이 저만의 기우일까요?

물론 학교에서 교과서를 중심으로 무언가를 읽고 배운다고 하지만 많은 아이들이 보다 폭넓은 책읽기로 스스로 생각하는 능력을 기르지 못한 채, 검증되지 않은 인터넷상의 정보들을 자신의 생각으로 받아들이고 또 그것을 주변 친구들과 공유하고 있습니다. 미디어가 제공하는 메시지가 아무런 필터링 없이 전달되어 아이들의 가치관과 장래의 비전에 직접적인 영향을 주고 있는 것입니다.

그래서 어른들부터 유튜브 시청을 자제하고 이제라도 책을 읽는 본을 보여야 합니다. 그래야 아이들도 따라서 하지 않겠습니까? 부모님이 모든 일을 멈추고 큐티책을 붙잡고 말씀을 읽는 모습을 보여 주어야 합니다.

특히 그리스도인들은 성경을 읽어야 합니다. 성경을 읽지 않는 그리스도인은 하나님을 모르는 사람이라고 보아도 과언이 아닙니다. 칼 바르트라는 신학자가 있습니다. 개인적으로 이분의 모든 신학사상에 동의하지 못하는 점이 있음에도 불구하고, 이분의 책들은 많은 그리스도인들에게 영향력을 미치고 있습니다. 그리스도인들이 성경을 읽어야 하는 점에 대해서 이분이 한 말이 있습니다.

"성경의 내용은 하나님에 관한 인간의 바른 생각이 아니라 인간에 대한 하나님의 바른 생각이다. 성경은 우리가 하나님에 관해서 어떻게 이야기해야 할지를 말해 주지 않고 하나님이 우리에게 무엇을 말씀하시는지 말해 준다. 우리가 하나님께로 가는 길을 어떻게 찾을지 말해 주지 않고 하나님이 우리에게 오시는 길을 어떻게 찾아 발견했는지를 말해 준다. 우리가 하나님과 바른 관계를 어떻게 맺어야 할지 말해 주지 않고 하나님이 아브라함의 영적 자녀이며 그리스도 안에서 단 한 번에 인치신 모든 이들과 맺으신 언약을 말하고 있다."[15]

그렇습니다. 우리는 성경을 읽을 때 하나님의 관점과 마음을 알 수 있습니다. 그리고 하나님이 일하시는 방식과 그분이 원하시는 것이 무엇인지를 알게 되죠. 그리스도인이라고 하면서 성경을 읽지 않는다면, 과연 그가 온전한 그리스도인일까요? 신앙생활의 다양한 모습이 있다고 하지만, 우리가 개신교인으로서 가장 우선순위로 삼아야 할 첫 번째 신앙의 우선순위는 단연코 성경을 읽고 묵상하는 것이라고 믿습니다. 사람에게 읽는 것이 이렇게 중요합니다. 특별히 그리스도인은 성경을 읽는 것이 가장 중요합니다. 당장 오늘부터 다시 읽어 보시길 권해 드립니다.

∘ 읽는 것이 그 사람의 정체성을 형성한다.

∘ 그리스도인으로서 성경을 읽는 것이
  가장 우선되어야 한다.

3장

메인 요리

큐티 이렇게 하라

기도로 시작하라

　　말씀 묵상은 무엇으로 시작해야 할까요? 기도입니다. 우리가 하나님과 교제하는 대표적인 방법이 말씀과 기도라고 합니다. 말씀과 기도는 항상 함께합니다. 분리해서 따로 생각할 수가 없습니다. 그런데 말씀을 강조하는 분들은 기도가 부족하고, 기도를 강조하는 분들은 말씀이 부족한 느낌을 지울 수 없습니다.

　　물론 이 둘 사이에 우선순위는 존재합니다. 그것은 먼저 하나님의 말씀을 듣는 것입니다. 하나님이 원하시는 뜻과 말씀을 듣지 않고 일방적으로 내가 원하는 것을 간구하는 것은 옳지 않습니다. 하나님이 그런 기도를 들으실 리도 없습니다.

소위 영빨이 좋다고 하시는 분들은 마치 본인의 기도를 통해 하나님의 뜻마저 변경시킬 수 있다고 믿으십니다.

그러나 우리가 아무리 열심히 기도해도 확정된 하나님의 뜻은 변경되지 않습니다. 도리어 우리의 기도가 그 확정된 하나님의 뜻을 받아들이고 순종하는 데 동원되어야 합니다. 마치 십자가를 앞에 두고 땀방울이 핏방울이 되도록 기도하신 예수님처럼 "내 원대로 마시옵고 아버지의 원대로 되기를 원하나이다"(눅 22:42)라고 기도해야 합니다.

그러면 구체적으로 말씀을 묵상하기 전에 어떤 기도를 해야 할까요? 그것은 나 자신을 돌아보는 회개의 기도라고 생각합니다. 지금까지 오랜 세월 말씀을 묵상했지만 말씀을 묵상한다는 행위 자체가 영적인 행위입니다. 그런데 그 영적인 행위를 방해하는 첫 번째 요소가 바로 죄입니다. 나면서부터 죄인으로 태어난 우리는 끊임없이 죄를 짓고 삽니다. 왜냐하면 이 세대가 악하고 음란한 세대이기 때문입니다(마 16:4).

저는 목사입니다. 그런데 목사는 죄가 없습니까? 아마도 이 질문에 없다고 대답하는 성도님들은 없을 겁니다. 아니 목사가 더 죄가 많다고 하는 불신자들이 있을 지경입니다. 따라서 항상 회개기도를 함으로써 나 자신을 돌아보고 하나님과 나 사이의 거룩한 교제를 방해하는 죄를 구체적으로 회개하고 돌이켜야 합니다. 이것은 마치 어두운 방에 들어가면, 제일 먼저 불을 켜는 것과 마찬가지라고 생각합니다.

죄는 우리의 영적 시력(spiritual sight)를 어둡게 합니다.[16] 우리의 몸에는 두 가지 시력이 있습니다. 하나는 육적인 시력이고, 다른 하나는 영적인 시력입니다. 시력이 2.0이더라도 죄로 인해 영적인 눈이 먼 사람, 즉 불신자라면 영적인 시력이 나오지 않습니다.

또 자신이 죄인임을 인정하고 예수 그리스도를 나의 죄를 위해 십자가를 지고 죽어 부활하신 나의 주 나의 하나님으로 영접한 하나님의 자녀일지라도, 현재 세상에 빠져 하나님과 인격적인 교제를 나누고 있지 못하다면 말씀이 눈에 들어오지 않습니다. 설사 읽더라도 깊은 묵상과 적용 가운데로 들어가기 어렵습니다. 그 말씀이 내 가슴속 깊은 곳에 자리 잡아 하루 종일 그 말씀대로 사는 진정한 의미의 말씀 묵상을 하지 못하도록 죄의 영향력이 방해합니다.

죄의 본질이란 무엇일까요? 그것은 하나님으로부터 분리되어 있는 상태를 말합니다. 여러 가지 도덕적이지 못한 행위나 악하고 음란한 것들을 죄라고 할 수 있지만, 그것은 하나의 죄의 열매일 뿐, 죄의 본질은 인간이 하나님으로부터 분리되어 있는 상태를 말합니다. 구약의 호세아 선지자는 하나님의 백성이 우상의 영향을 받아 하나님으로부터 분리되거나 하나님과 우상을 동시에 섬기는 어리석은 행위의 위험성을 경고하고 있습니다. 이는 마치 애인이 있는 사람이 또 다른 이성과 교제하는 즉 바람을 피우는 행위와 같다고 말합니다.

하나님의 백성이 하나님을 사랑하고 이웃을 사랑하는 것을 우선순위로 삼지 않고 세상을 사랑하고 물질을 사랑하는 것을 우선순위로 삼을 때, 자연스럽게 영적인 시력은 어두워지고 말씀이 안 들리고 안 보이게 됩니다. 바로 이때 회개의 기도가 필요합니다. 하나님과 인격적인 교제를 앞에 두고 내가 하나님을 뵙고자 하는 인격적인 자세를 갖추지 않는 것이 말이 됩니까? 그것은 하나님을 만홀히 여기는 것입니다.

그렇기에 큐티는 시시때때로 죄에 넘어지고, 입술로 범죄하며, 행동으로 하나님께 영광 돌리지 못하고, 악하고 음란하며 욕심으로 자연스럽게 넘어가는 나의 내면세계를 하루 단위로 돌아보아 회개하는 것으로 시작해야 합니다.

내 눈을 열어서 주의 율법에서 놀라운 것을 보게 하소서
시 119:18

시편 119편은 말씀을 바라는 사람이 어떤 마음과 자세로 나아가는지를 잘 보여 주는 귀한 말씀입니다. 그래서 저는 종종 말씀 묵상이 잘 안 될 때 기도하고 시편 119편의 말씀을 읽습니다. "내 눈을 열어서 주의 율법에서 놀라운 것을 보게

하소서." 바로 이것이 죄로 인해 하나님과 우리 사이에 막힌 담을 헐고 회복되어 영적인 시력을 간구하는 기도입니다.

기도할 때 살아난다

청년이 무엇으로 그의 행실을 깨끗하게 하리이까 주의 말씀
만 지킬 따름이니이다   시 119:9

당연한 말씀입니다. 주의 말씀으로 청년의 행실을 깨끗하게 할 수 있습니다. 그러나 혈기왕성한 청년이 그 행실을 날마다 깨끗이 하며 말씀을 지킬 수가 있습니까? 거의 불가능한 일입니다. 그러므로 하나님의 말씀대로 살지 못하고 넘어지는 자신의 모습을 정직하게 인정하고 하나님 앞에 용서를 구해야 합니다. 이런 회개의 자세 없이 숙제하듯이 큐티를 하는 것은 하나님과의 교제, 만남이라는 말씀 묵상의 본질을 이해하지 못한 것입니다.

내 눈을 돌이켜 허탄한 것을 보지 말게 하시고 주의 길에서
나를 살아나게 하소서   시 119:37

요즘처럼 볼 것 많고, 자극적인 시대에 어떻게 청년이 허탄한 것들을 보지 않을 수 있습니까? 그것을 보는 즉시 영혼은 어두워지고, 성경을 보아도 검정색은 글씨고 하얀색은 종이로밖에 보이지 않습니다. 예배를 드려도 영적인 깨달음이 생기지 않습니다. 기도를 해도 금방 기도할 거리가 떨어집니다. 바로 이때 필요한 것이 "하나님, 허탄한 저를 용서해 주시고, 다시 주님의 은혜를 회복시켜 주세요" 하고 회개와 회복의 기도를 하는 것입니다.

매주 화요일은 우리 교회의 중보기도 사역이 있는 날입니다. 중보기도 사역을 담당하고 인도하는 평신도 간사님이 계십니다. 그런데 사정이 생겨서 제가 한 주 인도를 했습니다. 오전 10시부터 12시까지 진행되는 이 사역을 인도하면서 제가 은혜를 받았습니다. 이후로 저는 중보기도 사역에 인도자가 아닌 기도자로 동참하고 있습니다. 저는 목사이며 책을 좋아하고 강해설교를 하며 말씀 묵상을 강조합니다만, 사실 기도가 부족합니다.

글을 쓰는 오늘이 수요일이니까 어제도 중보기도 사역이 있었습니다. 기도하는 그 시간이 너무나 소중하고 귀했습니다. 인도자가 아닌 기도자로 기도할 수 있어서 참 좋았습니다. 그런데 하나님께서 집중적으로 회개의 기도를 시키셨습니다. 다른 기도 제목을 가져가도 결국에는 회개하는 기도로 마무리가 되었습니다. 저에게 회개의 기도가 부족했던 모양입니다. 그렇게 두 시간 내내 부르짖어 회개했습니다. 목사로서 성도들을 위해 더 많이 기도하지 못하고, 나 자신을 돌이켜 보며 성숙과 성장을 이루지 못한 것을 가슴을 치며 회개했습니다. 연약한 성도들을 탓한 연약한 저를 회개하는 시간이었습니다.

목사가 뭐가 그렇게 회개할 일이 많냐구요? 죄송하지만 많았습니다. 이것이 저만의 증상일까요? 아니라고 생각합니다. 그렇게 집중적이고 구체적으로 회개하고 새롭게 하는 기도를 한 제가 누린 유익은 무엇일까요? 이루 말할 수 없습니다.

우선 겸손해집니다. 그리고 성도들에 대한 이해의 폭이 넓어집니다. 누구를 탓하기보다 저 자신을 먼저 돌이켜 봅니다. 마음속의 불안과 걱정이 사라지고 주님이 주시는 평강이 내 영혼을 지배합니다. 주님께 맡기고 목회하겠다는 담대한 마음이 저를 사로잡습니다. 무엇보다 머리가 맑아지고 책을 읽어도 성경을 보아도 마치 그 문자가 살아서 움직이는 것 같습니다.

보통 이런 상태를 성령의 충만함이라고 합니다. 맞습니다. 집중적인 회개의 기도를 통해서 하나님과의 관계가 회복되고 성령님이 나의 생각과 감정과 행동을 지배하시는 충만한 상태가 되는 것입니다.

이날 기도를 기억하라고 하나님께서 일하신 것이 있습니다. 중보기도 사역에서는 언제나 우리가 후원하는 선교사님들을 위해 기도합니다. 제가 부목사 시절에 단기선교를 통해 만나게 된 안 선교사님은 치안이 가장 불안하다는 남아공의 흑인 지역에서 선교합니다. 상하수도도 없는 양철 교회에서 사역하는 선교사님은 수시로 강도의 위험에 노출되어 있습니다. 강도를 당하기도 수차례, 양철로 된 교회를 뚫고 교회의 기물을 도둑맞은 일이 부지기수였습니다.

남아공은 되는 것도 없고 안 되는 것도 없는 모양입니다. 최근 교회 상하수도 시설을 하기 위해 큰돈을 들여서 공사를 하는데 진척이 잘되지 않고 정부로부터 하수도 설치 인증서를 받지 못해 애를 태우고 있어서 우리는 이 문제를 놓고 기도했습니다. 그런데 기도를 마치자마자 선교사님한테서 문자가 왔습니다.

"할렐루야~ 드디어 하수도 설치 확인서를 받았습니다. 이 한 장의 인증서를 받기 위해 정말 많은 일이 있었습니다. 상하수도 설치 인증서가 있어야 교회를 등기할 수 있습니다. 하나님께서 고비마다 도와주셨습니다. 인증서를 시청의 등기 담당자에게 보냈습니다. 원래 약속은 하수도 설치를 완료하면 교회 부지 등기를 준다는 것이었습니다. 그가 약속을 지켜주기를 기도합니다."

남아공과 한국이라는 먼 거리로 떨어져 있지만, 서로 기도할 때 하나님께서 어떻게 일하시는지를 보여 주셨습니다. 저는 바로 답장을 보냈습니다.

"할렐루야! 선교사님, 오늘 우리 교회 중보기도 사역이 있는 날이라 좀 전까지 선교사님의 이 기도 제목을 놓고 기도했는데 이렇게 좋은 소식이 오니 기쁩니다. 힘내세요."

선교사님한테 다시 답장이 왔습니다.

"진심으로 감사드립니다. 목사님, 그 기도의 힘으로 살고 있습니다. 아둘람교회를 위해서도 매일 기도하고 있습니다. 목사님도 힘내세요."

물론 이렇게 집중적으로 기도하면 더 좋겠지만, 말씀을 묵상하기 전에 반드시 나 자신을 돌아보아 하나님 앞에 회개의 기도를 드리고, 말씀이 깨달아질 수 있도록 기도해야 합니다.

시동을 걸지 않고 자동차를 운행할 수 없듯이, 큐티의 시동은 기도입니다. 오늘도 주님의 기이한 법을 깨닫게 해달라고 기도하십시오. 제가 지금까지 기도 생활을 하면서 가장 잘 응답받은 기도가 무엇인지 아십니까? 다름 아닌 말씀 묵상 전에 큐티가 잘되지 않을 때 하나님 앞에 나 자신을 돌아보고 회개하며 말씀을 깨닫게 해달라는 기도였습니다. 이점은 설교를 준비할 때도 마찬가지입니다. 설교 준비가 막히면 내려놓고 기도합니다. 성령의 은혜를 간구합니다. 그러면 여지없

이 새로운 영감이 떠오르고, 막혀 있던 설교의 논지가 잡혀
갑니다. 큐티의 시작은 기도로 해야 합니다.

◦큐티의 시작은 하나님과의 관계를

가로막는 죄를 회개하는 것으로

시작해야 한다.

◦큐티의 시동은 언제나 기도로

걸어야 한다.

적으면서 읽어라

　　1597년 이순신은 원균의 모함을 받아 모든 관직을 잃고 죄인으로 몰려 감옥에 갇히게 됩니다. 어찌어찌하여 28일 만에 출옥하기는 하지만 원균의 부하가 되어 백의종군합니다. 엎친 데 덮친 격으로 그해 4월에 그의 어머니마저 돌아가십니다. 그해는 이순신에게 참으로 격변의 한 해였습니다. 8월에 다시 삼도수군통제사에 임명되고, 9월에 명량해전에서 큰 승리를 거두지만, 그가 사랑하는 막내아들 면이 아산에서 전사했다는 소식을 듣게 됩니다. 그 소식을 듣고 무너지는 마음을 이순신은 난중일기에 이렇게 적고 있습니다.

　　"14일(신미) 맑음, 새벽 2시쯤 꿈을 꾸니 내가 말을 타고 언덕 위를 가다가 말이 실족해서 내 가운데로 떨어졌으나 거꾸러지지는 않았다. 그런데 막내아들 면이 나를 붙들어 아는 것 같은 형용을 하는 것을 보고 깨었다. 무슨 조짐인지 알 수가 없다. (중략) 저녁에 사람이 천안에서 와서 집 편지를 전하는데, 떼어 보기도 전에 뼈와 살이 먼저 움직이고 정신이 황난하다. 겉봉을 대강 뜯고 둘째 아들 열의 글씨를 보니, 겉에 '통곡'이라는 두 자가 써 있다. 면이 전사한 것을 마음속으로 알고 간담이 떨려 목 놓아 통곡했다. 하늘이 어찌 이다지도 어질지 못한가? 간담이 타고 찢어지는 것만 같다. 내가 죽고 네가 사는 것이 올바른 이치인데, 네가 죽고 내가 살다니 이것은 이치가 잘못된 것이다. 천지가 어둡고 저 태양이 빛을 변하는구나. 슬프다, 내 어린 자식아 나를 버리고 어디로 갔느냐? 영특한 기상이 보통 사람보다 뛰어났는데 하늘이 너를 머물러 두지 않는가? 내가 죄를 지어서 그 화가 네 몸에까지 미친 것이냐? 이제 내가 세상에 있은들 장차 무엇을 의지하란 말이냐? (중략) 목숨은 남아 있어도 이는 마음은 죽고 형용만 남아 있을 뿐이다. 오직 통곡할 뿐이로구나. 밤 지내기가 1년처럼 길구나. 이 날 밤 9시경에 비가 내렸다."[17]

김훈 작가의 소설 《칼의 노래》에도 이순신의 기구하고도 복잡한 내면세계를 잘 표현하고 있습니다. 1597년 당시에 무슨 심리상담이 있을 리 만무하고 오롯이 온몸과 온 마음으로 모든 고난을 감당해야 했으니, '쓰는 것'이야말로 이순신이 마련한 자구책이 아니었을까요? 천하를 호령하는 장군이었지만, 이순신은 내면의 아픔과 두려움을 일기에 쏟아 놓음으로써 자신을 다스리고 있었는지도 모르겠습니다. 복잡하게 흘러가는 정세를 읽고 정확한 판단을 내리기 위해서라도 글을 써서 자기를 다스림으로써 오판의 위험을 제거했던 것인지도 모르겠습니다.

그러므로 무엇이든 제대로 읽으려면 내 상황이 어떤지, 내 안에 어떤 감정이 있는지, 들여다보고 적어야 합니다. 그런 면에서 저는 큐티하기 전에 간단한 메모식 일기를 쓸 것을 권합니다.

일기가 여러모로 유익하다는 것은 익히 잘 알려진 사실이지요. 따로 일기장을 마련해 쓰면 좋겠지만, 기도하고 큐티를 시작할 때 하루 동안 일어난 일에서부터 그날의 감정, 걱정거리, 중요한 약속, 반드시 해야 할 일, 기도제목 등을 큐티책 여백에 적어 보세요. 차분히 몇 자 적어 보는 것만으로도 내가 지금 어떤 상황인지, 내면에서 어떤 일이 벌어지고 있는지 들여다보고 정리하는 데 도움이 될 겁니다. 이렇게 적어 놓은 것은 나중에 적용의 대상이 되기도 하고, 말씀으로 하나님의 인도를 받는 데 도움이 되기도 해서 여러모로 유익합니다. 저는 지금까지 늘 이런 방식으로 큐티를 해오고 있습니다. 제 개인적인 방법이지만 독자 여러분에게 권하고 싶습니다.

본문을 시험 문제 읽듯이 정독하라

이제 본문을 읽으면 됩니다. 여기까지 오면서 설명이 길었습니다만, 제가 지금까지 큐티를 하면서 느낀 것은 큐티는 준비 과정이 훨씬 더 중요하다는 것입니다. 만약 여기까지 큐티의 개념을 잘 이해하고, 준비하고, 기도하고, 메모식 일기까지 적었다면 그날의 큐티는 십중팔구 성공할 것입니다. 말씀에서 은혜를 받지 않으려야 안 받을 수 없을 것입니다.

성경을 읽는 방법은 다독과 정독이 있습니다. 다독이란 한 자리에서 많은 양의 성경을 읽는 방법입니다. 한때 한국교회에서 유행하던 성경 통독과 같은 방법입니다. 빠른 낭독 테이프를 틀어 놓고 한 자리에서 성경을 다 읽는 방법이지요. 반면 정독은 하루 10절 내외의 적은 분량의 말씀을 꼼꼼하게 마치 비타민을 매일 먹듯이 조금씩 조금씩 지속적으로 읽는 것을 말합니다.

무엇이 더 유익할까요? 둘 다 유익합니다. 하지만 저는 정독과 다독을 병행하되 중심은 정독에 두어야 한다고 생각합니다. 말씀 묵상은 양도 중요하지만 그 질이 더 중요한 측면이 있기 때문입니다. 그래서 큐티책 편집자들은 보통 10절 내

외, 큐티의 원리상 그리 많지 않은 말씀의 양을 하루 분량으로 배정하려고 애씁니다. 보통 이런 식으로 성경을 정독할 경우 큐티책마다 다르겠지만, 대개 8년에 신약 두 번, 구약 한 번 정도를 읽게 됩니다. 따라서 정독과 다독을 병행하면 더할 나위 없을 것입니다.

성경을 읽을 때는 되도록 문맥을 고려하기 위해 끝까지 읽는 것이 기본입니다. 그래야 줄거리를 고려한 성경 읽기가 가능하기 때문이지요.

그러면 성경을 어떻게 읽어야 할까요? 우선 성경을 읽는다고 하면 많은 분들이 "어렵다, 신학을 하지도 않은 내가 성경을 어떻게 이해할 수 있을까?" 하며 겁부터 냅니다. 그러나 제가 앞서 말씀드린 준비만 잘했다면 성경은 그리 어렵지 않습니다. 물론 이해하기 어려운 단어나 시대적, 상황적 배경에 대한 이해가 필요한 부분도 있지만, 그것은 출석하는 교회의 사역자나 교재로부터 도움을 받으면 됩니다.

거의 모든 큐티 교재에는 한 책을 묵상하기 전에 서론을 제공하고 있습니다. 서론에는 평신도들이 이해할 수 있는 수준에서 이 책의 이해와 묵상에 도움을 주는 배경과 저자, 주요 주제들에 대해서 설명하고 있기에 꼭 한번 읽어 보기를 권합니다.

구체적으로 예를 들어 보겠습니다. 저는 학생들에게 큐티를 가르칠 때 시험 문제 보듯 본문을 읽으라고 말합니다. 시험을 포기한 학생이 아니라면 일단 문제를 집중해서 읽고, 특히 국어나 영어의 경우 지문 속에 답이 있기에 보통 샤프나 연필로 밑줄을 긋고 중요하다고 생각되는 단어나 문장은 동그라미나 네모, 그리고 별표를 그리면서 읽지 않습니까? 결국 시험 문제를 잘 푸는 것은 바로 문제와 지문을 잘 읽는 것에서부터 시작됩니다.

큐티할 때도 마찬가지입니다. 눈으로만 하지 마십시오. 성경책은 지저분하게 봐야 한다는 게 평소 제 지론입니다. 밑줄도 긋고, 중요하다고 생각되는 부분에는 메모도 하고, 별표도 그려 넣어야 합니다. 그렇게 읽다 보면 본문의 내용이 조금씩 들어오기 시작할 겁니다. 읽기에서 묵상과 적용으로 나아가려면 우선 이 읽기 단계가 잘되어야 합니다. 문제를 대충 눈으로만 쭉 본 학생이 정답을 가려내기가 어렵듯이, 본문을 대충 눈으로만 보면 묵상과 적용으로 나아가기가 여간 어려운 것이 아닙니다. 이럴 때를 우리는 검정색은 글씨요, 하얀색은 종이라고 말합니다.

보통 제대로 된 큐티의 경우 적어도 두세 번은 정독해야 합니다. 물론 본문의 난이도나 그에 따른 이해도에 따라 한번만 읽고 묵상과 적용으로 들어갈 수도 있습니다. 그러나 대개는 두 번 정도 읽어야 합니다. 학창 시절 배운 국어 과목이

성경을 읽고 묵상하는 데 꽤나 기본 실력을 제공했다는 생각이 듭니다. 만약 학창 시절 국어 시간에 그냥 자 버렸다면 이제라도 다시 성경 읽기를 통해서 국어 실력을 쌓아 보기 바랍니다.

∘삶이 복잡할수록 간단한 메모식 일기를
써 보라.

∘시험 문제 읽듯이 본문을 정독하라.

제대로 읽어라

우리는 계속해서 큐티의 방법론에서 본문을 읽는 것에 대한 이야기를 하고 있습니다. 적으면서 읽으려면 큐티펜이 유용합니다. 저는 교회에서 양육 프로그램을 수료한 성도님들에게 샤프가 달린 4색 볼펜을 선물로 드립니다. 이 펜의 이름을 '큐티펜'이라고 지었습니다. 이 펜은 본문을 제대로 읽고 묵상하고 적용하고 나누는 데 도움을 줍니다.

저는 볼펜의 잉크 찌꺼기가 나오지 않는 꽤나 질이 괜찮은 펜으로 선물합니다. 잉크 찌꺼기가 나오면 책도 더러워지고 손에 묻기도 해서 여간 짜증나는 일이 아니거든요. 하여간 이 펜은 이렇게 사용합니다.

본문을 읽을 때 우선 샤프로 밑줄을 긋거나 중요하다고 생각되는 부분에 별표와 같은 표식을 합니다. 볼펜으로 하면 본문이 잘 안 보일 수 있으니까요. 이때는 지울 수 있는 샤프가 편리합니다.

그리고 검정색 볼펜으로 전환하여 간단한 메모식 일기와 기도 제목, 일정 같은 것들을 적습니다. 파란색 볼펜으로는 묵상한 것을 큐티책의 노트에 적습니다. 빨간색으로는 적용할 내용을 적습니다. 눈에 잘 띄기 위함입니다. 마지막 초록색으로는 다른 사람들의 나눔이나 해당 본문을 가지고 해주시는 교회 목사님의 설교 같은 것을 메모할 때 사용합니다. 이 모든 과정이 본문을 제대로 읽고 묵상하는 큐티의 과정에 도움을 줍니다.

읽는 단계가 중요한 것이 일단 성경의 문자적 의미를 파악하지 못하면 무슨 뜻인지 모르므로 더 이상 큐티가 진척되지 않기 때문입니다. 특별히 한자식 표현에 익숙하지 않은 요즘 젊은 세대나 어린이, 청소년들은 문자적으로 이해를 못할 수 있습니다. 그러면 성경은 지루하고 재미없는 책이 되고 맙니다.

무슨 뜻인지 모르는 단어가 나왔거나, 읽어도 무슨 뜻인지 잘 파악되지 않는 문장이 나왔다면 그냥 넘어가지 마십시오. 자꾸 그냥 넘어가다가 큐티를 포기하게 됩니다. 그러면 어떻게 해야 할까요? 방법은 많습니다.

우선 좀 더 쉬운 다른 번역본을 보십시오. 지금 한국교회가 사용하고 있는 성경은 개역개정판입니다. 이전의 개역한글판에 비해서는 좀 더 쉽게 풀이되어 있다고 하지만 아직도 어려운 단어와 문장들이 있는 것이 사실입니다. 만약 개역개정성경이 어렵다면, 좀 더 쉬운 현대인의성경이나 쉬운성경, 우리말성경, 새번역성경과 같은 다른 번역본을 비교해서 읽어 보십시오. 그래서 어린이용와 청소년용 큐티 교재는 보다 쉬운 성경을 사용하고 있습니다. 그리고 영어가 낯설지 않은 분이라면 영어성경을 읽어 보십시오. 오히려 NIV 영어성경이 본문을 더 쉽게 이해하는 데 도움이 될 수 있습니다. 최근 많은 출판사들이 영어 본문과 해설을 담은 큐티 교재를 내놓고 있는 것도 이 때문입니다.

요즘 성경을 비교하고 대조하며 읽을 수 있는 사이트들이 널려 있습니다. 물론 단어나 문장의 문제가 아닌 문화적, 역사적, 지리적, 신학적 배경 지식이 없어서 정확한 뜻을 알 수 없는 경우도 있습니다. 이 경우 큐티 교재의 본문 해설을 참고하고, 그것도 만족스럽지 못하다면 교회의 전도사님이나 목사님들의 도움을 받아 해결하면 좋겠습니다. 다만, 여기까지 나가기 전에 본문의 뜻을 제대로 파악하는, 즉 정독을 해야 합니다. 정독이 중요합니다.

성경을 주의 깊게 읽는 작업

성경 읽기에 대한 기본서라고 할 수 있는《성경을 어떻게 읽을 것인가》에서 저자인 고든 D. 피와 더글러스 스튜어트는 "성경을 좀 더 지적으로 읽을 수 있는 비결은 본문을 주의 깊게 읽는 것과 본문에 대해 바른 질문을 하는 법을 배우는 일이다"[18]라고 말했습니다. 대학과 신학교 강단에서 수년간 경험한 저자들에 의하면, 많은 사람들이 본문을 잘 읽는 단순한 일도 잘하지 못한다고 합니다. 물론 헬라어, 히브리어와 같은 원어와 성경해석학에서 다루어야 할 내용이 많지만, 우선 성경을 대하는 사람들은 '주의 깊게 성경을 읽는 작업'이 선행되어야 한다고 말합니다. 100% 공감합니다.

물론 일부 신학교 교수님들은 평신도들의 성경 읽기 운동에 대해서 해석의 오류에 빠질 수 있으며, 주관적인 해석과 적용의 위험성을 지적합니다. 그렇다고 해서 평신도들이 성경 읽기를 포기하고 목회자들에게만 그 특권을 맡길 수 있습니까? 말도 안 된다고 생각합니다.

요즘은 평신도 신학의 시대입니다. 많은 자료들이 오픈되어 있고, 조금만 노력하면 얼마든지 성경의 올바른 이해와 묵상에 도움이 되는 많은 자료들을 접할 수 있습니다. 제가 드리고 싶은 말씀은 모든 성경 말씀을 완전히 이해하지 못할지라도 날마다 주어진 본문을 준비된 자세와 마음으로, 하루를 그 말씀으로 살겠다는 순종의 마음으로 집중하여 정독하자는 것입니다. 그래서 양이 많으면 곤란합니다. 이 바쁜 와중에 어떻게 많은 양의 본문을 정독하겠습니까?

여러분은 보통 큐티하는 데 시간을 얼마나 할애하고 있습니까? 어떤 분은 30분, 또 어떤 분은 15분, 1시간 하는 분도 있지요. 각자의 상황과 형편에 맞게 하면 되지만, 적어도 본문은 5분 이상 또는 10분 정도는 읽어야 한다고 생각합니다. 그렇게 따지자면 나머지 묵상과 적용, 기도까지 해서 저는 개인적으로 큐티는 최소 30분 이상 해야 한다고 생각합니다.

백금산 목사님의 책에서 옛 선조들의 독서 방법을 읽고 나는 목사로서 본문을 어떻게 읽고 있는지 되돌아보게 되었습니다. 백 목사님은 조선 후기의 대학자인 다산 정약용(1762-1836)의 독서 경험담을 이렇게 소개하고 있습니다.[19]

"오로지 《주역》 한 권의 책만을 책상에 두고 밤낮으로 마음을 가라앉혀 탐구했더니 눈으로 보는 것, 손으로 만지는 것, 입으로 읊는 것, 마음으로 생각하는 것, 붓으로 쓰는 것에서부터 밥상을 대하고 뒷간에 가고 손가락을 퉁기고 배를 문지르는 것에 이르기까지 어느 하나 《주역》이 아닌 적이 없었다. 그리하여 그 이치를 환히 깨달았다."

놀랍지 않습니까? 우리는 성경을 어떻게 읽습니까? 반성이 되지 않습니까? 그가 《주역》이라는 책을 대하는 자세와 태도는 정확히 우리가 지향하는 성경 읽기를 대하는 태도와 닮아 있습니다. 하나님의 말씀이 위대하다고 하면서 말씀이 아닌《주역》을 대하는 학자의 태도에도 못 미치는 것이 부끄럽지 않습니까?

본문을 정독하십시오. 그러면 본문의 내용이 정리되고, 줄거리를 서술할 수 있으며, 자연스럽게 오늘 본문의 핵심 주제가 떠오를 것입니다. 묵상하고 적용할 말씀들이 몽글몽글 마음속에서 떠오를 것입니다.

○ 다양한 번역본을 사용해서 본문 이해에

도움을 받으라.

○ 큐티할 때 4색 펜을 사용해 보라.

큐티의 장애물을 제거하라

　　노파심에 말씀드립니다. 본문 읽기 과정을
잘하고 싶어도 잘 안 되는 분들이 있습니다. 워낙 먹고사느라
바빠서 책을 놓은 지 오래되었고, 읽는 것 자체가 너무나 낯
설고 어려운 성도님들도 있습니다. 목회 현장에서 종종 경험
하는 모습입니다. 심지어 아주 드물게 글자를 모르는 권사님
들도 있습니다. 이런 경우 어떻게 해야 할까요?

　저는 이런 경우 어린이나 유치부용 큐티 교재를 권합니다.
그림이 많고 글이 적은 것으로 해도 됩니다. 괜찮습니다. 안
하는 것보다 낫습니다. 또 글을 읽고 쓰는 일이 불편하다면
어쩔 수 없습니다. 글을 배우거나, 음성과 영상으로 제공되는

말씀 묵상 해설이라도 들으십시오. 그런데 자신의 힘으로 극복하기 힘든 장애물이 있을 수 있습니다.

이제 큐티를 힘들게 하는 구체적인 장애물을 살펴보겠습니다.

학습장애 학습장애와 집중력이 떨어져서 치료가 필요한 경우라면 본문 읽기가 쉽지 않습니다. 이 경우 먼저 치료부터 해야 합니다. 아무리 글을 보고 싶고 쓰고 싶어도 그게 잘 안 되는 분들은 정신과에서 진단을 받아 볼 것을 권합니다. 우리 주변에 이런 분들이 종종 있습니다.

난독증 난독증이라고 하는 증상은 글을 읽고 쓰기가 어렵습니다. 믿음이 없어서가 아닙니다. 습관이 안 되어서가 아닙니다. 아파서 그런 겁니다. 청소년 활동과 상담 전문가로서 제가 이 부분에서 드리고 싶은 말씀도 많지만 차후에 다른 책을 통해서 말씀드리기로 하고, 일단 전문가들은 난독증의 증상을 이렇게 설명합니다.

"난독증이라는 용어는 읽기 장애의 가장 심한 유형으로, 단어 수준에서 정확한 철자(맞춤법)를 인식하고 글자를 소리로 해독하는 데 심각한 어려움을 가진다. 문장을 읽어 나가는 속도가 심각하게 늦거나, 읽는 속도는 정상이나 내용을 파악하는 독해력에 심각한 어려움을 보이는 유형도 읽기 장애에 포함된다."[20]

시중에 말씀 묵상을 돕는 책들은 많지만 이 부분에 대해 언급한 책은 못 본 것 같습니다. 기독교는 말씀의 종교인지라, 우선 이 부분에 어려움이 있다면 신앙의 균형적인 발달에 어려움이 따르게 마련입니다.

ADHD 요즘 늘어나고 있는 주의력결핍과 과잉행동장애의 경우 가만히 앉아서 책을 읽는 것 자체가 곤란합니다. 약물치료가 필요합니다. 이 질환은 어린이나 청소년뿐만 아니라 성인에게서도 종종 나타납니다. 많은 그리스도인이 정신과 치료와 약물 복용을 터부시하는 경향이 있는데 옳지 않은 자세입니다. 정신의학과 약물도 일반 은총으로 주신 하나님의 선물입니다. 방치하거나 숙명으로 받아들이지 말고 치료받아야 합니다. 그러면 좋아질 수 있습니다.

야고보 사도는 야고보서 5장 14절에서 "너희 중에 병든 자가 있느냐 그는 교회의 장로들을 청할 것이요 그들은 주의 이름으로 기름을 바르며 그를 위하여 기도할지니라"고 했습니다. 여기서 기름은 의학적 조치를 의미합니다. 그래서 제가 좋아하는 찬양이 '약할 때 강함 되시네'입니다. 여기서 약은 약물을 뜻합니다. 농담입니다. 실제로 ADHD(Attention Deficit

Hyperactivity Disorder)는 약물 치료가 잘되는 질병입니다. 이 질환을 앓고 있는 분들의 경우 큐티 자체가 어려울 수 있습니다. 아픈 것은 부끄러운 일이 아닙니다.

우울증 우울증이 있을 때 큐티가 잘 안 됩니다. 신앙은 내 정서의 그릇에 담깁니다. 그런데 그 그릇이 깨어져 있거나 구멍이 나 있으면 받은 은혜를 다 잃어버립니다. 최근에 저에게 상담을 받은 한 성도님의 경우도 그랬습니다. 그분은 어려서부터 여러 가지 마음의 어려운 문제를 혼자서 오롯이 감당해 왔습니다. 혼자만의 비밀로 간직하고 있었습니다. 은혜로 예수님을 만났지만, 종종 힘든 일을 만나면 우울해집니다. 우울할 때면 성경도 보기 싫고 기도도 하기 싫고 예배도 드리기 싫더랍니다. 하나님이 원망되고 만사가 귀찮더랍니다. 다행히 이렇게 살아서는 안 되겠다 싶어 심리상담을 위해 저를 찾아왔습니다.

성도님과 상담하면서 마음이 많이 아팠습니다. 그 힘든 일들을 겪었다니 눈물이 났습니다. 생각보다 많이 힘든 상황이어서 저는 약물 치료 병행을 권해 드렸습니다. 교회 주변에 크리스천 정신과 선생님이 있어서 소개해 드렸는데, 아니나 다를까, 우울증 진단이 나왔고, 약물을 처방해 주었습니다.

그런데 성도님이 정신과 약물에 굉장히 예민하게 반응했

습니다. 적은 용량의 약물만으로도 잠을 못 자고 큰 항진 현상이 나타나 가슴이 뛰기도 했습니다. 그렇게 처음에는 부작용이 있었으나, 의사를 신뢰하고 약물의 양을 조절해 가면서 약물 반응이 긍정적으로 안정화되어 갔습니다. 이와 함께 심리상담을 병행하면서 성도님은 서서히 회복되어 이제는 예배도 드리고 큐티도 하고 있습니다.

우울증은 귀신 들린 것도 아니고, 구원을 못 받은 것도 아닙니다. 믿음이 없는 것도 아닙니다. 여러 가지 상황으로 마음이 무너진 것입니다. 이때 그냥 지나치지 말고 반드시 전문가의 도움을 받아서 말씀을 통한 하나님과의 교제가 주는 축복을 누리시기 바랍니다.

특히 영적이라고 하는 분들이 정신의학과 심리학을 터부시하는 경향이 있는데 그렇지 않습니다. 물론 모든 것 위에 하나님의 말씀이 있지만, 그것이 전부라고 주장하면 곤란합니다. 그것은 불신자들의 주장입니다. 정신의학과 심리학도 하나님이 우리에게 주신 선물로 받아들여야 합니다. 주변에는 여러분을 도울 하나님의 사람들이 많습니다.

당장 누구를 찾아가기 부담스럽거나 비용이 걱정된다면 여성가족부에서 운영하는 1388 전화를 이용해 보는 것도 좋은 방법입니다. 청소년뿐만 아니라 그의 부모, 청년들의 상담도 가능합니다. 24시간 항상 훈련된 상담자들이 대기하고 있을 뿐만 아니라, 인터넷에서도 채팅 상담 등의 도움을 받을 수 있습니다. 대면 상담만큼의 효과는 없을지 몰라도 도움을 받지 않는 것보다는 훨씬 낫습니다.

◦ 도저히 읽기와 묵상이 안 되는 경우에는
의학적 진단을 받아 볼 필요가 있다.

　◦ 정신의학과 상담심리적 치료도
하나님이 주신 선물이다.

하나님을 묵상하라

　　말씀을 제대로 읽는 방법에 이어 묵상에 대한 이야기로 넘어가 보겠습니다. 본래 저는 묵상과 어울리지 않는 성품을 가지고 태어났는지도 모릅니다. 생각보다 직관을 따르는 편입니다. 듣기보다 말하기를 좋아하는 사람입니다. 꼼꼼함보다 털털함이 익숙한 사람입니다. MBTI에서 전형적인 ENFP입니다. 그런 제가 신학교 다닐 때 말씀을 묵상하는 선배들을 만났습니다. 그것도 농어촌 선교를 하는 동아리에서 말입니다. 이름하여 갈릴리농어촌선교회.

　　농어촌선교회의 주요 활동은 여름과 겨울에 농촌 교회에 가서 봉사활동을 하는 것입니다. 학기 중에는 시골을 갈 수 없어서 우리는 말씀을 묵상하고 나누었습니다. 지나고 보면 좋은 선배들을 만난 것은 축복 중의 축복이었습니다. 책을 엄청나게 많이 읽는 선배도 만났습니다. 성경 신학에 밝은 선배도 만났습니다. 나중에는 성경 묵상을 주로 하는 단체에서 활동하고 퇴직한 선배를 통해 저도 그 단체에 발을 들여놓았습니다.

신대원을 졸업하는 해에 전임간사가 되어 그 단체가 처음 창간하는 청소년용 큐티책의 초대 편집장이 되어 열심히 책을 만들었습니다. 초기에는 필자를 구하지 못해 원고를 저 혼자 다 쓴 적도 있습니다. 요는 묵상이 잘 안 되는 성품을 타고난 사람이지만 하나님의 은혜로 만남의 축복을 받아 묵상을 배우고 묵상의 세계에 들어와 묵상의 기쁨을 누리게 되었다는 얘기입니다.

앞서 읽는 편에서 살짝 언급했지만, 사람은 저마다 성격과 성품이 다릅니다. 어떤 사람은 심리학적인 이해가 부족해서 나와 다른 성격을 틀린 것이라고 말합니다. 그러나 그것은 틀린 것이 아니라 다른 것입니다. 나이가 들어 성숙을 이룰 시점이 되면 자신에게 없는 반대의 성격을 배우고 갖추어 균형을 잡습니다.

그러나 타고난 성격을 존중받지 못했거나 다른 사람과 비교하며 비난을 수시로 당한 사람은 그 성격을 고집할 가능성이 큽니다. 제가 그랬습니다. 하루 가운데 가장 집중이 잘되는 시간을 구별하여 가만히 앉아서 말씀을 묵상하는 일은 저와 같은 성향의 사람에게는 절대 쉬운 일이 아니었습니다. 그러나 생긴 대로만 살아가려고 하지 말고 내게 없는 부분을 채우기 위해 자신을 돌아보고 치료적인 관계의 도움을 받아 성숙을 이루어야 합니다. 20대 이후로 쭉 그런 노력을 해 왔습니다.

이제 제 나이 50대가 되었습니다. 이제 조금 직관과 사고가 서로 각자의 장점을 발휘하면서 마치 투수에 따라 왼쪽 타석, 오른쪽 타석 모두를 사용할 수 있는 스위치 타자가 된 것 같은 뿌듯함이 있습니다. 묵상은 나랑 안 맞고 기도가 더 맞는다고 단정하지 마십시오. 신앙의 성숙을 위해 묵상은 반드시 필요한 일이니만큼 포기하지 마시기 바랍니다.

묵상의 능력

지금까지 말씀 묵상의 이론과 준비, 그리고 읽기까지 다뤘습니다. 이제 묵상을 해야 합니다.

묵상이란 무엇일까요? 묵상이란 읽는 것에서 한 걸음 더 나아가 이제 그 말씀을 머리에서 가슴으로 내려 보내는 작업입니다. 만약 본문을 꼼꼼히 읽는 일을 잘했다면 그날 본문에서 가장 돋보이는 구절이 떠오를 것입니다. 그러면 그 구절을 가지고 되새김질해 보는 것입니다.

저는 묵상할 때 그 구절을 생각하며 먼 산을 보기도 하고, 눈을 감기도 합니다. 따뜻한 커피 한 잔을 목으로 넘기면서 의자 등받이에 기대 보기도 합니다.

묵상은 약을 먹는 것과 같습니다. 약을 가지고 다니기만 해서 무슨 의미가 있습니까? 감기에 걸린 사람은 감기약을 봉지에서 까서 물과 함께 삼켜야 합니다. 그러면 약은 혈관을 타고 온몸 구석구석을 돌아다닙니다. 그래서 내 몸에 영향을 미칩니다. 이것이 바로 묵상의 효과요 능력입니다. 잘된 묵상은 그날 하루 종일 그 말씀이 잊히지 않습니다. 그리고 그 말씀의 색깔이 나의 하루의 색깔이 됩니다. 그 말씀의 감정이 나의 하루의 감정이 됩니다. 말씀이 슬프고 애통하면 나도 슬프고 애통하며, 말씀이 기쁘면 나도 기쁩니다. 말씀이 용기를 주는 말씀이라면 의기소침하고 불안해하던 내 마음에 주님이 주시는 용기가 용솟음쳐 변한 것 없는 상황에서도 자신감이 생깁니다. 이것이 묵상의 능력입니다. 잘된 말씀 묵상은 이런 겁니다.

아침에 묵상한 말씀이 그날 나의 일정에 영향을 미칩니다. 가지 않아야 할 곳을 가지 않도록 울타리를 쳐줍니다. 하지 않아도 될 말을 하지 않게 해줍니다. 쓸데없는 욕심을 부려

팬한 오해와 손해를 보고 친구도 잃고 체면도 구길 수 있는 상황을 만들지 않도록 내 삶의 파수꾼이 되어 줍니다. 강력한 죄의 유혹이 와도 그 죄로부터 도망갈 수 있는 마음과 의지력을 줍니다.

잘된 말씀 묵상은 무엇보다 사람을 의지하고 바라보는 것이 아니라 하나님만 의지하고 바라보며 진정한 신앙인의 품위를 유지할 수 있도록 마음을 잡아 줍니다. 잘된 말씀 묵상은 설교하는 사람이 원고 없이도 몇 시간을 청중만 바라보면서 머리가 아닌 가슴으로 뜨겁게 말씀을 전할 수 있는 능력이 됩니다.

그렇다면 무엇을 묵상해야 할까요? 저는 성경이 하나님을 드러내는, 다시 말해 하나님의 계시문헌이라고 믿습니다. 따라서 성경을 묵상할 때 제일 중요한 것은 오늘 내가 묵상한 본문에 나타난 하나님은 어떤 분이며, 나에게 무엇을 말씀하시며, 그분의 성품은 어떤 것이며, 그분이 좋아하고 싫어하는 것은 무엇인지를 아는 것입니다. 하나님은 어떻게 일하시며, 인간을 얼마나 사랑하시며, 또한 얼마나 엄하게 죄를 꾸짖으시는지를 아는 것입니다. 하나님이 인간을 사랑하시되 어떻게 인도하시는지, 얼마나 드라마틱하게 도우시는지를 묵상할 수 있습니다.

저의 묵상의 대상은 바로 이런 하나님의 모든 것입니다. 그래서 저는 성경 묵상을 '하나님과의 사귐'이라고 정의합니다. 사귄다는 게 뭡니까? 서로를 알아 가는 게 아니겠습니까? 무슨 말을 하는지, 어떻게 행동하는지, 상대가 나를 어떻게 생각하는지, 무엇을 준비했는지, 무슨 생각을 가지고 있는지를 알아 가는 과정을 사귐의 과정이라고 말합니다. 그리고 이 사귐의 과정에서 인격적인 신뢰가 생기고 드디어 결혼이라도 할라치면 이제 벗어도 부끄럽지 않은 사이가 됩니다.

앞에서 저는 잘 질리는 사람이라고 했습니다. 제아무리 맛있는 맛집이라도 두 번째 가면 그 맛이 50% 떨어지는 것은 왜 그러는 걸까요? 그런데 제가 예수 믿고 지금까지 질리지 않고 하는 거의 유일한 행동이 바로 말씀 묵상입니다. 왜냐구요? 날마다 발견되는 하나님의 모습이 다르기 때문입니다. 성경책은 성령의 감동으로 쓰인(딤후 3:16) 것인 만큼, 인간이 쓴 그 어떤 책과도 비교할 수 없는 영광과 풍성함이 있기 때문입니다. 제가 신학을 공부하고 사회과학을 공부해 보았지만 이 학문들에 내 인생을 바칠 만하다고 느낀 적은 없습니다. 그러나 말씀은 질리지 않았고 앞으로도 그럴 예정이며, 말씀을 묵상하고 전하는 일에 제 인생을 바쳐도 아깝지 않겠다는 확신이 있습니다.

저는 보통 하루의 큐티에서 묵상의 대상을 1개에서 2개 이상 넘기지 않으려고 합니다. 다다익선이라고 하지만, 큐티에서 많은 묵상의 꼭지를 잡다가 용량이 초과되어 아무것도 잡지 못하는 사태가 벌어질 수 있습니다. 그래서 어떤 분들은 이런 방식의 묵상을 원 포인트 묵상이라고 하더군요. 용어야 어찌되었든 매일 하는 묵상, 양보다 질로 가시기를 권합니다. 잘 박힌 못 하나가 중요합니다. 어설픈 여러 방의 못보다, 잘 박힌 장대 못 하나가 힘을 받습니다.

그날의 하나님의 모습을 깊이 묵상하면서 그 하나님과 하루를 동행하십시오. 하루에 한두 개도 벅찹니다. 그 하나를 잡는 기준은, 우선순위를 잡아도 되지만, 본문을 잘 정독했다면 자연스럽게 가장 핵심이 되는 말씀이 무엇인지, 무엇을 붙잡고 하루를 살아야 할지를 뽑아 낼 수 있는 눈이 생길 겁니다.

‒‒‒‒‒‒‒‒‒‒‒‒‒‒‒‒‒‒‒‒‒‒‒‒‒‒‒‒‒‒‒‒

◦ 하나님이 어떤 분이신지를 묵상하라.

◦ 하루에 하나라도 정확하게 묵상하라.

교훈을 묵상하라

우리는 묵상에 대한 논의를 계속 이어 가고 있습니다. 하나님을 묵상하는 것에 대해 말씀드렸습니다. 성경에는 하나님과 동시에 하나님의 사람들 예를 들면 이스라엘 백성이나 열두 제자들, 초대교회 성도들, 사도 바울, 바나바, 디모데와 같은 인물들이 등장합니다. 또 우상숭배, 반역, 불순종이 나오는가 하면 순종과 헌신이 나오기도 합니다. 다양한 사건들이 있다는 이야기입니다. 그날의 본문에 따라서 어느 날은 하나님이 어떤 분이신지에 대한 내용만 나오는 가하면, 어느 날은 인물이나 사건을 통해 본받을 것과 본받지 말아야 할 것들로 이루어진 본문도 있습니다. 또 어느 날은

이 두 가지가 같이 섞여 있는 본문도 있습니다. 이것은 본문의 장르와 위치에 따라 다릅니다. 저의 말씀 묵상은 이와 같은 본문이 주는 교훈이 대상이 되기도 합니다.

저의 큐티를 한번 나누어 보겠습니다. 묵상의 예가 될 것 같아서입니다.

어느날 저는 사사기 16장 15-31절 말씀을 묵상했습니다. 사사기는 요즘 우리 시대와 여러모로 닮았습니다. '왕이 없어 자기 소견대로 행하는 시대'였습니다. 이 시기에 삼손이라는 인물이 나옵니다. 이날 본문의 내용은 대략 이렇습니다. 유독 여자에 약한 삼손이 들릴라에게 계속 당하면서도 결국 말해선 안 되는 나실인의 비밀을 누설함으로써 힘을 잃고 눈이 뽑혀 블레셋 백성들 앞에서 재주 부리는 비참한 처지에 놓이게 됩니다. 하지만 하나님께서는 그를 버리지 않으시고 다시 힘을 주어 원수를 갚게 하셨습니다. 이날 제가 중요하게 묵상한 구절은 28절과 16절이었습니다.

먼저 28절은 사사기의 전체 주제와 맥락이 닿는 중요한 구절이기도 합니다.

삼손이 여호와께 부르짖어 이르되 주 여호와여 구하옵나니 나를 생각하옵소서 하나님이여 구하옵나니 이번만 나를 강하게 하사 나의 두 눈을 뺀 블레셋 사람에게 원수를 단번에

갚게 하옵소서 하고 삿 16:28

사사기의 사사들은 모두 연약한 자들이었습니다. 사사기에 등장하는 소사사 6명과 대사사 6명 모두 비슷합니다. 보잘것없는 집안 출신으로 명문 가문 갈렙의 딸 악사를 얻은 옷니엘, 오른손에 장애가 있었지만 칼 한 자루를 가지고 적진 깊숙이 들어가 모압 왕 에글론을 무너뜨린 에훗, 당시 여자라는 신분적 제약에도 이스라엘의 어미라는 칭호를 얻은 드보라, 단 300명의 군사로 13만 5천 명의 미디안 군대를 무찌른 기드온, 기생의 아들로 태어난 입다, 사자에는 강하지만 여자에는 약했던 삼손에 이르기까지 악한 시대에 약한 자들을 들어 쓰시는 하나님의 일하시는 방식이 주목됩니다.[21]

삼손은 이렇듯 하나님께 다시 구할 처지가 못 되는 사람이었습니다. 벼룩도 낯짝이 있다고 그렇게 본능에 충실하게 살던 삼손이 무슨 염치로 이렇게 구할 수 있을까요? 그러나 그는 자주 넘어질지언정 신앙의 남은 최후의 형식마저 버린 사람은 아니었습니다. 눈마저 뽑히고 저들 앞에서 재롱을 피워 목숨을 유지해야 했지만 삼손은 간절히 기도했고, 하나님은 그의 기도를 들으셨습니다.

제가 하나님이었다면 아마 삼손이 그렇게 살다 죽게 내버려 두었을 것 같습니다. 그러나 우리 하나님은 이런 연약한 자들도 하나님의 역사와 섭리의 도구로 사용하셔서 블레셋을 심판하는 데 사용하셨습니다. 이 말씀을 묵상하고 또 묵상하면서 두 가지 진리가 깨달아졌습니다.

첫째는 '내가 잘나고 거룩해서 응답받고 쓰임 받는 게 아니구나, 큰 착각이구나, 겸손해야겠다. 하나님이 일하시는 거구나'라는 것이었습니다. 삼손이 뭘 잘해서 응답하신 것이 아니었습니다. 또 삼손이 뭘 잘못하더라도 하나님의 뜻과 의지는 꺾이지 않습니다. 하나님은 우리가 아무리 실수해도 그 실수마저 합력하여 선을 이루시며 하나님의 뜻을 이루는 데 사용하시는 분입니다.

저도 넘어집니다. 안 넘어진다고 말할 자신이 없습니다. 그런데 목회를 합니다. 은혜받는 성도도 생기고, 변화받는 성도도 생깁니다. 그러나 이 모든 것이 나 때문이 아니라 하나님의 전적인 의지와 뜻을 따라 이루어지는 일이고, 예수님의 핏값으로 사신 교회이기 때문에 하나님이 인도해 가십니다.

두 번째 깨달은 진리는 이것입니다. 목회를 하다 보면 저 자신이 역부족이라는 생각을 할 때가 많습니다. 하지만 내가 넘어지고 연약해도 삼손처럼 하나님 앞에 '한 번만 더 살려 달라'고 구하는 일을 멈추지 말아야겠다고 결심했습니다.

삼손의 심리 분석

> 날마다 그 말로 그를 재촉하여 조르매 삼손의 마음이 번뇌하여 죽을 지경이라 사 16:16

또 다른 본문은 16절 말씀입니다. 삼손은 그래도 나름 어려서부터 나실인으로 구별된 삶을 살았습니다. 그런데 그가 청년이 되자 참으로 어이없는 실수를 연달아 저지릅니다. 저는 믿는 가정에서 자랐다고 하는 그가 왜 이런 실수를 연발하는지 궁금했습니다. 삼손이 청년이 된 후 한 첫 번째 실수는 바로 이방 여인을 배우자로 맞이한 것이었습니다. 이를 말리던 부모도 결국 자녀 삼손의 뜻에 이끌려 갑니다.

삼손이 왜 이런 문제행동을 하는지에 대해서 자세한 설명을 하고 있지 않지만, 청소년들을 상담하는 저로서는 사사기 본문에서 일말의 이유를 찾을 수 있었습니다. 삼손은 아이를 갖지 못할 것이라고 생각하던 부모님에게서 늦게 태어난 귀한 아들이었습니다. 그래서 삼손이라는 이름의 뜻이 '태양의 아들'이 아니겠습니까? 뒤늦게 얻은 아들이 얼마나 귀했으면 그런 이름을 지었을까요? 이런 경우 안 되는 것이 없는 허용적인 양육 태도를 취했을 가능성이 높습니다. 그리고 본문에서 관찰되는 삼손의 부모 마노아 부부는 성격의 유형이 많이 달라 보입니다.

아버지 마노아는 꼼꼼하고 사람을 잘 믿지 못하며 직접 확인해야 직성이 풀리는 사람이었습니다. 반면 삼손의 어머니는 덤벙대며 급한 성품의 사람이었습니다. 이런 경우 엄마는 풀고 아빠는 잡는 양육 태도를 취하게 됩니다. 그러면 자녀는 헷갈립니다. 게다가 '이스라엘 자손이 하나님의 목전에서 악을 행하던 영적 타락의 시대'에 불임으로 고통받던 마노아 부부는 하나님의 사자가 먼저 말씀하기 전에 하나님 앞에 애통함으로 구하는 모습이 보이지 않습니다(삿 13:2-3). 이를 보아 삼손 부모는 삼손에게 나실인으로서의 삶을 형식적으로 강요했을 가능성이 높습니다. 삼손은 가정에서의 양육 과정을 거쳐서 성인이 되었으므로 그가 청년이 되어서 보여 주는 일련의 행동들은 사사기의 서술들에서 그 이유를 추측해 볼 수 있습니다.

기독교 교육가 이영희 선생님은 삼손을 두고 이런 분석을 했습니다.

"마노아의 아들 삼손은 마치 세상에 불을 던지는 아이처럼 뜨겁고 강했습니다. 그러나 강한 선입관에 사로잡힌다거나 비관에 집착하는 기질은 아마 아버지를 닮은 것 같습니다. 미움과 동정, 분노와 용서, 좌절과 용기가 그 안에서 끊임없이 용솟음치는 격렬한 감정을 걷잡을 수 없는 남자 하면 삼손이 떠오릅니다. 돌이킬 수 없는 깊은 애증에 사로잡혔을 때 그는 충동의 지배를 받았습니다."[22]

결국 삼손은 신앙의 형식은 유지하고 있었지만 그의 내면 세계는 불안정하여 여전히 사람, 특이 이성에게서 인정과 지지를 얻기 원했습니다. 특히 첫사랑을 믿는 그는 소위 낭만적인 사랑에 잘 빠지는 사람이었습니다. 삼손은 만나야 할 사람과 만나지 말아야 할 사람을 구별하지 못했고, 하나님보다 이성과의 친밀한 교제를 우선순위에 둔 연약한 사람이었습니다. 삼손이 그토록 사랑한 들릴라는 정작 삼손을 자신의 유익과 맞바꾼 사람이었습니다. 삼손은 사람을 분별하지도 못했습니다.

앞서 이야기한 양창순 박사님의 《나는 외롭다고 아무나 만나지 않는다》에서 건강한 인간관계를 맺는 첫 번째 방법은 자존감을 잃지 않는 것이라고 했습니다. 나를 사랑하지 않는 사람이 다른 사람을 사랑한다는 것은 사실상 불가능하며, 나를 사랑하지 않는 사람은 다른 사람을 사랑하면서 나 자신을 잃어버리게 됩니다.[23] 맞는 말입니다. 삼손은 누구보다도 하나님을 사랑했어야 했습니다. 그럴 때 나를 사랑하고 나를 알게 됩니다.

목회를 하다 보면 하나님보다 교인들의 감정과 요구에 더 민감하게 반응할 때가 있습니다. 그러나 내가 하나님 앞에서 온전히 사랑받고 사랑 주는 관계가 아니라면 어떤 요구를 들어줘도 소득이 없는 경우가 다반사입니다. 그래서 목회자로서 내가 해야 할, 사랑하고 사랑받는 첫 번째 관계는 하나님 안에서 이루어져야 합니다.

그렇다면 적용은 자연스러워집니다. 그 하나님을 사귀는 시간인 말씀 묵상과 기도의 시간이 그 어떤 만남보다 우선해야 한다는 것입니다. 특히 상담을 하는 사람은 힘든 사람들의 재촉과 괴로움을 듣게 마련인데 까딱 잘못하다가는 내가 그 영향을 받게 됩니다. 그래서 더욱 사람들을 상담하기 전에 하나님 앞에서 말씀으로 내 내면세계를 정리하고 충분한 교제를 누린 뒤에 든든하고 풍요로운 마음으로 내담자들을 대해야 한다는 자연스러운 결론을 얻게 됩니다.

렉시오 디비나

마지막으로 신앙 선배들의 묵상 방법을 참고해 봅니다. 지금까지는 제가 하고 있는 묵상의 방법들을 나누었을 뿐입니다. 신앙 선배들의 묵상 방법 중 빼놓을 수 없는 것이 '렉시오 디비나'일 것입니다. 렉시오 디비나는 알렉산드리아의 오리게네스(185-254)가 사용한 헬라어 표현인 '테이아 아나그노시스'를 라틴어로 번역한 말입니다. 중세 수도원에서 행하던 방법이지만, 유대의 랍비들과 회당을 거쳐 서양 문화권으로 넘어온 방식이라는 것이 정설입니다.

이 렉시오 디비나를 가장 잘 설명한 책이 유진 피터슨의 《이 책을 먹으라》일 것입니다. 책 제목부터가 너무 마음에 듭니다. 유진 피터슨에 의하면, 렉시오 디비나는 네 가지 요소로 이루어져 있는데, '렉시오'(텍스트를 읽는다) '메디타티오'(텍스트를 묵상한다) '오라티오'(텍스트를 기도한다) '콘템플라티오'(텍스트를 산다)입니다.[24]

유진 피터슨은 이 방법들이 순차적으로 일어난다기보다는 때론 다양한 순서로 섞여 있으며 분리되어 실행되는 것이 아니라고 말합니다. 동의합니다. 성경을 읽기 전에도 기도하고, 말씀을 묵상하다가도 기도합니다. 그리고 그 말씀을 가지고 살아가는 과정에서 다시 말씀을 묵상하고, 다시 상기하기 위하여 본문을 다시 한 번 꺼내 읽습니다. 그래서 렉시오 디비나는 그 어떤 요소도 서로 분리되어 일어날 수 없으며, '삶의 방식이 되는 독서 방식'이라고 말합니다. 멋진 말입니다. 저도 이런 방식을 추구합니다.

° 본문에 등장하는 사건과 인물이 주는
교훈을 묵상한다.

° 말씀과 기도는 비빔밥처럼 잘 섞여야
한다.

이제 적용하라

적용에 대한 오해

많은 분들이 큐티를 어려워하는 이유가 바로 이 적용 때문입니다. 매일 같은 적용, 형식적인 적용, 지키지도 못하는 적용 때문에 차라리 큐티를 포기하겠다는 분들이 많습니다.

올바른 적용이란 무엇일까요? 어떻게 해야 될까요? 제일 먼저 해야 할 작업은 적용에 대한 오해부터 걷어 내야 합니다. 그 첫 번째가 적용은 무조건 행동으로 해야 한다는 오해입니다. 제임스 클리어의《아주 작은 습관의 힘》을 보면 사람의 습관과 행동이 변하는 데 있어 중요한 관점이 있는데, 그

것은 정체성과 자존감과 연결되어 있다고 합니다.[25]

제임스 클리어는 "습관과 행동 변화의 가장 안쪽에는 정체성의 변화가 있다. 이 단계는 우리의 믿음을 변화시키는 데 맞춰져 있다. 세계관, 자아상, 자신과 타인에 대한 판단 같은 것들이다. 우리가 가지고 있는 믿음, 가설, 편견의 대부분이 이 단계와 연관되어 있다"고 말합니다. 동의합니다.

저는 우리의 적용, 행동 변화는 하나님이 어떤 분이신지, 나는 어떤 존재인지를 큐티를 통해 꾸준하게 확인하는 내부적인 작업이 쌓일 때 자연스럽게 일어나는 것이라고 생각합니다. 그분에 대한 확고한 신뢰와 믿음이 쌓이지 않은 상태에서 어설프게 남 보기에 좋은 적용을 하는 것은 온전히 실천할 수도 없을뿐더러 얼마 못 가 포기하게 됩니다.

따라서 적용은 우선, 내가 말씀과 연결시키지 못했던 내 상황과 고민, 해야 할 일과 하나님의 말씀을 연결시키고, 그 말씀의 가르침이 나를 지배하고 다스려 주시도록 기도와 회개, 감사와 찬양, 믿음 등의 행동 이전에 내면에서 적용이 되어야 합니다. 인간관계도 마찬가지입니다. 뭘 자꾸 해달라고 하는 관계, 해야만 하는 관계는 건강한 사귐이 아닙니다. 그저 함께하고, 공감해 주고, 서로를 이해하는 과정이 차곡차곡 쌓인 관계가 좋은 관계이지요. 이것이 쌓이면 자연스럽게 행동으로 옮겨지게 마련입니다.

내가 하나님께 맡기지 못해서 불안해하고 걱정하는 지금의 상황을 하나님 앞에 내어 놓고 기도하는 것, 어떤 경우에도 내가 먼저 앞서지 않겠다고 회개하고 믿음으로 반응하는 것도 아주 중요한 적용입니다. 또 어떤 날은 하나님의 사랑과 은혜가 감사해서 하나님을 진심으로 찬양하고 높여 드리는 것도 중요한 적용입니다.

하나님은 이렇듯 여러분과 교제하기를 원하십니다. 연인끼리는 몇 시간씩 통화하면서 서로의 마음을 나눕니다. 여기에 뭔가 해야 할 행동들이 끼어들지 않아도 됩니다. 그저 서로가 좋기 때문이지요.

예를 들어 이런 겁니다. 어느 날 시편 119편 14절 말씀을 묵상했습니다.

내가 모든 재물을 즐거워함 같이 주의 증거들의 도를 즐거워하였나이다 시 119:14

저는 이 말씀을 이렇게 적용했습니다. 하나님의 말씀을 따르는 것이 큰 재산을 가지는 것보다 크다고 말씀하시니, 사역자로서 돈이 늘 아쉬워 주변의 돈 많은 친구들이 부러울 때도 있었는데 앞으로 그렇게 하지 않겠습니다. 하나님을 더 즐거워하는 사람이 되도록 제 마음을 잡아 주세요. 제 내면에 있는 연약함과 믿음 없음을 고백하고 생각을 바꾸는 내면의 적용이었습니다.

김기현 목사님의 《모든 사람을 위한 성경 묵상법》에는 이런 고백이 나옵니다.

"그 좋은 큐티를 그만두고 말았습니다. 적용하다가 탈이 난 거죠. 왜냐구요? 우리 삶이란 것이 어제건 오늘이건 내일이건 크게 달라질 게 없었기 때문입니다. 당시 학교 앞에서 하숙 중이었는데, 내가 먼저 이불 개자, 방 청소하자 등 거의 한 달 동안 적용이 대동소이했거든요. 나중에는 지치고 지겨워서 관뒀습니다. 그래도 해야 할 것 같아 다시 시작하고, 적용은 매번 비슷하고, 적용한 대로 안 하니까 죄책감만 쌓여 그만두기를 반복했습니다."[26]

내면의 적용보다 겉으로 드러나는 행동 적용만 하는 큐티의 한계입니다. 김 목사님은 그래서 '그냥 읽는 것'도 적용이라고 말합니다. 그렇다고 해서 아무것도 하지 않는 즉 아무런 행동 적용이 없는 큐티도 문제가 있습니다. 제 말은 감사와 찬양, 회개, 인정, 기도, 생각을 바꾸는 것, 하나님께 맡기고 주권을 내어 드리는 것, 근심과 걱정을 맡기는 것, 우선순위를 조정하는 것과 같은 내면세계의 적용을 더 많이 하고 그후 자연스럽게 행동 적용으로 나가야 한다는 것입니다.

적용의 실제

이 글을 쓰는 오늘 아침에 제가 묵상한 말씀은 요엘서 1장 13-20절이었습니다. 이 구절들 중에 제가 오늘 집중적으로 묵상하고 적용한 본문은 13-14절입니다. 만약 제가 큐티 본문을 정한다면 가장 선택하기 어려운 본문이 요엘서일 것입니다. 그래서 스스로 본문을 정하지 않을 때 성경 편식의 위험을 피할 수 있다고 하는 것입니다.

제사장들아 너희는 굵은 베로 동이고 슬피 울지어다 제단에 수종드는 자들아 너희는 울지어다 내 하나님께 수종드는 자들아 너희는 와서 굵은 베 옷을 입고 밤이 새도록 누울지어다 이는 소제와 전제를 너희 하나님의 성전에 드리지 못함이로다 너희는 금식일을 정하고 성회를 소집하여 장로들과 이 땅의 모든 주민들을 너희 하나님 여호와의 성전으로 모으고 여호와께 부르짖을지어다 욜 1:13-14

이 본문을 어떻게 묵상하고 적용할까요? 우선 이날 저는 기도하고 시간을 구별하여 조용한 장소에서 간단한 메모식 일기를 적는 것으로 큐티를 시작했습니다. 이렇게 적었습니다.

"연약한 성도들 때문에 마음이 눌린다. 목사로서 나의 부족함 때문에도 마음이 눌린다. 코로나가 다시 창궐하여 방역 지침이 강화되었다. 모일 만했는데 다시 못 모이게 되어 성도들의 신앙생활에 영향을 미칠까 걱정된다….”

하나님은 제사장들이 회개와 각성을 상징하는 옷을 입고 울라고 말씀하십니다. 저는 천성이 태평한 스타일입니다. 심각한 사건과 상황 앞에서도 그리 심각해지지 않는 성품입니다. 그러나 지금이야말로 심각하게 금식하며 다시 함께 모이지 못할지도 모르는 성도들, 특히 믿음이 연약한 성도들을 위해 심각하게 기도할 때인 것 같습니다. 이것이 저의 묵상이었습니다.

어떻게 적용했냐구요? 제 적용은 이것이었습니다. 제가 오늘 본문에 나오는 구약의 제사장은 아니지만, 목회자로서 성도들을 위해, 함께 모여 예배를 드리지 못하는 이 상황에서 언제나 깨어서 부르짖어 기도하지 못한 저의 나태함을 회개했습니다. 이것이 가장 먼저 한 저의 적용입니다. 그리고 ‘나의 이런 상황을 하나님께서 알고 계시고 말씀하고 계시는구나’ 하는 위로도 받았습니다.

“하나님, 제 목회를 주님께 맡깁니다. 다만 주님 말씀하시는 대로 늘 듣고 순종하며 하나님이 저보다 더 하나님의 백성들을 걱정하고 계시며 이끌어 가심을 믿겠습니다.”

이것이 오늘 제가 한 적용입니다. 이렇게 묵상과 적용을 하고 나니, 자연스럽게 행동이 나옵니다. 하루를 더 신중하고 경건하게 살아야겠다, 경거망동하지 말아야겠다, 좀 더 진지하고 말을 아끼는 사람이 되어야겠다, 기도 시간에 더 간절히 집중적으로 애통함으로 기도해야겠다는 다짐을 하게 되었습니다.

행동 적용이 아예 없을 수는 없습니다. 야고보서 1장 22절의 "너희는 말씀을 행하는 자가 되고 듣기만 하여 자신을 속이는 자가 되지 말라"는 경고가 우리의 귓가에 들리는 듯합니다. 단 행동 적용을 할 때는 우선 가능한 것부터, 너무 무리하지 않는 것부터 시작해야 합니다.

큐티 나눔을 하던 중 어떤 중학생이 말조심에 대한 경고의 말씀을 들었답니다. 그 학생은 하루아침에 자신의 언어 습관을 고칠 자신이 없어서 이렇게 적용했답니다.

"하나님, 제가 하루에 욕하는 횟수를 세어 보지는 않았지만 적어도 50번은 하는 것 같습니다. 죄송합니다. 앞으로는 줄이겠습니다. 다만 오늘은 30번 이내만 하겠습니다."

요즘 청소년들의 언어를 들어 보십시오. 비속어와 욕이 많은 분량을 차지하고 있습니다. 이 학생에게는 가장 현실적인 적용이 아니었을까요?

기쁠 때나 슬플 때나 쉴 때나 습관적으로 담배를 피워 온 집사님이 있습니다. 이분이 예수님을 인격적으로 만난 뒤 상담을 통해 본인의 심리를 들여다보고 치료적인 관계로 자신의 문제를 해결했습니다. 그러나 아직 담배에 의존하는 습관이 남아 있습니다.

이분의 적용은 무엇일까요? 역시 하루아침에 '다시는 담배를 피우지 않겠습니다'라는 식의 적용은 무리일 것입니다.

"이번 주에는 하루에 한 개비씩, 총 7개비만 피우는 적용을 하겠습니다."

이런 것이 현실적인 적용입니다. 그러다 보면 어느 날 담배를 끊는 날이 올 것입니다.

1989년 쿠바의 소토마이어라는 높이뛰기 선수가 2m 44cm(8피트)를 뛰어넘는 데 성공해 인류의 벽이라고 생각하던 '8피트의 벽'을 마침내 깼습니다. 어려서부터 열심히 조금씩 높이를 높여 가며 연습한 결과였습니다. 그런데 높이뛰기 선수도 아닌 데다가 높이뛰기를 해본 적도 없는 사람이 갑자기 8피트 높이를 뛰어넘을 수 있을까요? 없습니다.

적용 가능하고 구체적이어야 한다

마지막으로 적용에 대해 말씀드릴 것은 구체적이어야 한다는 것입니다. 베드로전서 5장 6-7절의 "그러므로 하나님의 능하신 손 아래에서 겸손하라 때가 되면 너희를 높이시리라 너희 염려를 다 주께 맡기라 이는 그가 너희를 돌보심이라"는 말씀을 묵상했다고 합시다. 그러면 그 적용의 내용이 구체적이어야 합니다. 두 가지를 적용할 수 있을 것 같습니다. 하나는 겸손에 대해, 또 하나는 하나님께 맡기는 것에 대해서입니다.

하나님은 겸손한 자를 기뻐하십니다. 그리고 그런 자를 높여 주십니다. 그렇다면 이제 내가 겸손해야 할 부분이 무엇인지가 구체적으로 나와야 합니다. 그래야 그 상황에 부닥쳤을 때 교만을 범하지 않게 됩니다. 이때 적용을 눈에 잘 띄는 빨간펜으로 적어 놓으면 좋을 것입니다. 그날 하루의 삶, 또는 최근에 있었던 일을 구체적으로 적용해야 합니다.

저의 예를 들자면, 저는 겸손해야 할 사건이 있었습니다. 최근 지인으로부터 어느 공공기관의 이사로 추천을 받았습니다. 이 일을 놓고 은근 제 안에 교만의 싹이 올라왔습니다. 하나님 앞에 회개하고 이 일로 교만하지 않아야겠다는 다짐을 했습니다. 두루뭉술하게 "겸손하게 해주세요"보다는 구체적인 것이 좋습니다.

또 하나 '염려를 주께 맡기라'에서도 "하나님 저의 모든 염려를 주께 맡깁니다"보다는 그날 하루 저의 구체적인 염려거리를 놓고 적용하는 게 좋습니다. 보통 큐티가 완전히 정착되지 않았거나 성격상 꼼꼼하지 못한 사람들이 이게 잘 안 됩니다. 어려워합니다. 그러나 한 번만 더 기도하면서 묵상해 보면 구체적인 적용거리가 떠오를 것입니다.

제 경우, 많은 사역자들이 그렇지만 건강에 대한 염려가 있습니다. 온전히 몸 하나로 사역하는 저로서는 저나 사모가 아프면 모든 게 멈춰지므로 건강에 각별히 신경을 씁니다. 특히 몸이 약한 사모에 대한 염려가 늘 있습니다. 그래서 이렇게 기도합니다.

"하나님, 저희 사모를 지켜 주세요. 저녁에 다리도 잘 주물러 주고, 과일도 잘 챙겨 주겠습니다."

이 정도는 실천할 수 있을 것 같아서 적용해 보았습니다.

○ 적용은 행동 이전에 기도와 찬양과 감사
와 같은 내면적 적용부터 해야 한다.

○ 적용은 가능하고 구체적인 것으로 해야
한다.

4장

디저트

큐티의 마무리

기도로 마친다

　이제 큐티의 마무리를 다룰 시점이 되었습
니다. 큐티는 어떻게 마무리해야 할까요? 그것은 기도입니다.
기도로 시작하여 기도로 마치는 것입니다. 대개 말씀 묵상이
라고 하면 기도와 동떨어진 것으로 생각할 수 있습니다. 그러
나 제가 보기에 기도는 큐티하는 모든 순간에 필요합니다.

　시작할 때 기도가 필요하고, 성경 본문을 읽을 때 기도가
필요합니다. 묵상할 때 그 말씀을 되새기며 기도합니다. 적용
할 때 그 말씀을 붙잡고 하루를 살 수 있도록 기도합니다. 특
히 큐티의 마무리로서 기도는 그 말씀이 하루 동안 나를 온전
히 지배하도록 성령님의 도우심을 구하는 일입니다.

말씀을 묵상하고 성급하게 책을 덮지 마십시오. 일정 시간을 구별하여 듣고 묵상하고 적용한 말씀을 붙잡고 기도하십시오. 이 말씀을 잊지 않고 살도록, 또 적용의 순간에 바로 적용할 수 있도록 기도하십시오. 바쁜 하루를 정신없이 살다 보면 아침에 묵상한 말씀은 어느새 다 잊어버리고 말씀과 반대로 살고 있는 나를 보게 될 때가 있습니다. 그런 저 자신의 모습에 깜짝 놀라곤 합니다. 그래서 기도가 필요합니다. 마음속에 잘 박힌 못처럼 흔들림이 없게 해달라고 기도해야 합니다. 기도로 큐티를 마쳤을 때와 그렇지 않았을 때의 차이가 큽니다.

저는 모든 성도가 기도를 잘 배워야 한다고 생각합니다. 소위 기도 좀 한다는 분들을 보면, 말씀과 상관없는 이방 종교의 기도를 답습하는 경우를 봅니다. 기독교의 기도란 이방 종교의 기도와 달라서 먼저 하나님의 말씀을 잘 들어야 합니다. 아무리 기도를 많이 그리고 절실히 하고, 금식하며 잠을 자지 않고 기도한다 해도, 하나님의 뜻이 아닌 것은 하나님이 듣지 않으십니다.

또 기도를 많이 하는 사람들 중에 기도하면 다 된다고 생각하는 분이 있습니다. 하지만 나의 기도가 말씀의 지배를 받아 하나님의 뜻에 합당한지를 돌아보는 것이 중요합니다. 이런 과정 없이 기도를 많이 하면 교만할 수 있습니다. 나만큼 기도하지 않는 사람들을 정죄하고, 자신이 하나님과 직접 인도를 받는다며 공동체와 사역자의 권면을 무시하기도 합니다. 방언으로 기도한다고 하면서 정작 대인관계에서 온전한 말을 하지 못합니다. 하나님의 말씀보다 영적 체험을 강조합니다. 이단들이 강조하는 것이 바로 이런 기도입니다.

한편으로, 정통 교회는 오히려 기도를 너무 하지 않는 면이 있습니다. 특히 말씀을 강조하는 보수 장로 교회의 경우 말씀을 너무 강조한 나머지 통성기도와 같은 것을 어색하게 생각합니다.

한번은 이런 일이 있었습니다. 말씀 묵상을 잘하기로 유명한 어느 교회의 교사대학 강의를 가게 되었습니다. 열심히 말씀을 전하고, 이제 기도로 마무리할 시간이었습니다. 그 교회의 교사들은 대부분 고학력자인 데다 전문직에 종사하는 분들이라고 들었습니다. 그런데 기도 시간에 너무 조용한 겁니다. 강사 혼자 기도하는 형국이었습니다. 이것도 아니라고 봅니다. 말씀을 들었으면 간절히 그 말씀을 붙잡고 그대로 살아갈 수 있도록 기도해야 합니다.

또 어느 오순절 교단의 학생부 수련회를 인도하러 간 일이 있습니다. 그런데 수련회의 대부분이 성령을 기다리는 기도회 시간이 차지했습니다. 그래서 저는 말씀과 기도가 균형을 이루어야 한다고 가르쳤습니다.

이처럼 말씀과 기도는 균형이 필요합니다. 특히 말씀을 묵상했으면 꼭 그 말씀을 가지고 기도함으로 성령의 도우심과 은혜를 구하는 것으로 마무리함이 합당합니다. 토머스 R. 켈리는 《A Testament of Devotion》(거룩한 순종, 생명의말씀사 역간)을 통해 하나님의 음성을 듣는 법을 배울 수 있다고 말했습니다.

"침묵 속의 경청을 통해 우리는 하나님의 음성을 듣고 우리의 소명을 분별할 수 있다. 우리 모두의 내면 깊은 곳에는 놀라운 영혼의 성소, 거룩한 곳, 하나님의 처소, 말하는 음성이 있다. 우리는 계속해서 그곳으로 돌아갈 수 있다. 영원이란 우리 심령에 있으며 시간에 쫓기는 우리의 삶을 어루만져주고, 영광스러운 숙명의 계시로 우리를 따뜻하게 하며, 우리의 본향인 자기 자신에게로 우리를 부른다."[27]

근심의 세계에서 경이의 세계로

그렇습니다. 우리가 바쁜 하루 중에도 침묵하며 하나님의 말씀을 경청할 때 하나님의 음성을 듣게 됩니다. 그리고 우리는 이제 기도로 하나님의 부르심에 응답할 수 있습니다. 따라서 말씀을 묵상한 뒤의 기도는 무엇보다 중요하며, 반드시 필요한 기도입니다. 제 개인적으로 기도가 가장 잘될 때, 힘이 있을 때는 말씀을 들은 뒤의 기도입니다. 그래서 저는 매 주일 설교가 끝난 뒤, 그 말씀을 붙잡고 성도들과 함께 합심하여 통성으로 기도합니다. 현실은 어려울지라도 말씀을 붙잡고 간절히 기도할 때 하나님의 경이로운 세계로 들어가게 됩니다. 유진 피터슨은 그의 책 《응답하는 기도》에서 이렇게 말하고 있습니다.

"우리는 기도 가운데 근심의 세계에서 벗어나 경이의 세계로 들어가려 한다. 자아 중심의 세계에서 벗어나 하나님 중심의 세계로 들어가기로 결단한다. 우리는 문제투성이인 세계에서 벗어나 신비의 세계로 들어갈 것이다. 그러나 그 과정은 결코 쉽지 않다. 우리는 근심과 자아와 문제들에는 익숙해 있지만, 경이와 하나님과 신비에는 익숙하지 않다."[28]

평소 늘 하나님의 말씀을 묵상하고 하나님께 잘 듣고 있는 사람의 기도는 남다른 면이 있습니다. 기도의 내용이 건강하며 함께 듣는 이들에게 은혜가 됩니다. 그 기도 속에는 유진 피터슨의 말처럼 자아 중심의 세계에서 벗어나려고 하는 회개가 있고, 하나님 중심으로 들어가기를 간구하는 결단이 있습니다. 그러나 하나님의 말씀과 상관없는 기도는 제아무리 큰 소리로, 오랫동안 할지라도 은혜가 안 됩니다. 예배 시간 특히 대표기도를 하는 분들은 반드시 예배 때 들은 말씀, 평소 공동체가 함께 묵상하고 있는 말씀을 기준 삼아 기도 준비를 해야 합니다. 공동체가 공유하는 말씀과 전혀 상관없는 기도는 삼가기를 권합니다.

아마도 한국교회 청소년부의 대표기도는 그 내용이 십중 팔구 이렇습니다.

"하나님, 우리가 모이게 해주셔서 감사합니다. 지금은 예배를 시작하는 시간입니다. 마치는 시간까지…."

제가 들어도 식상한데 우리 하나님은 얼마나 식상하실까 생각해 봅니다. 형식적인 기도문이 아니라 그날 그날, 또는 매주 선포되는 하나님의 말씀을 넣어서 기도를 시작해 보십시오. 얼마나 멋지고 은혜로운 기도가 되겠습니까? 기도가 잘 안 된다면, 기도가 어렵다면 그 이유가 무엇일까요? 물론 성격적인 측면도 있습니다.

MBTI에서 I 즉 내향성인 사람들은 하루 종일 아무 말하지 않아도 괜찮습니다. 오히려 말을 많이 해야 하는 상황이 힘들지요. 이런 유형의 사람들은 당연히 침묵하며 기도하는 스타일을 선호합니다. 통성기도가 힘들 수 있습니다. 만약 이런 성격적인 문제가 아니라면 어쩌면 하나님을 잘 몰라 드릴 말씀이 없는 것일 수도 있습니다. 친구가 왜 좋은가요? 그것은 서로에 대해서 너무 잘 알기 때문입니다. 함께 시간과 공간을 공유한, 특히 학교에서 많은 시간을 같이 보낸 학창 시절의 친구는 언제 봐도 할 이야기가 많습니다. 대화가 끊이지 않습니다.

마찬가지입니다. 하나님과 평소 말씀을 통해 교제하고 있고, 그분에 대한 풍성한 묵상이 되어 있다면 기도 시간은 시간 가는 줄 모르는 귀한 은혜의 시간이 될 것입니다.

◦큐티는 기도로 마무리한다.

◦큐티의 마무리 기도는 그날 묵상한 말씀

　을 넣어서 해야 한다.

점검하고 나눔하라

영성가 토머스 머튼은 이렇게 말했습니다.

"그들은 중요해 보이는 숱한 활동과 사업에 묶여 있기에 묵상의 근처에도 가지 못한다. 이보다 비참한 상태에 처한 사람이 있을까? 이들은 끊임없는 활동과 집요한 성취감의 욕망에 눈멀어 있고, 눈에 보이고 손에 잡히는 성공과 결과에 대한 무서운 기아에 허덕이고 있다. 그래서 동시에 수십 가지 일로 바쁘지 않는 한 하나님을 기쁘시게 하지 못한다고 믿는 그런 상태로 자신을 몰아간다."[29]

백수가 과로사한다는 말이 있습니다. 요즘 사람들은 너나 할 것 없이 모두 바쁩니다. 이일 저일 하는 일도 많습니다. 다들 중요한 일이라고 말합니다. 그러나 정작 그 동기는 하나님의 뜻과는 상관없는 성취감과 욕망이고, 성공과 결과에 대한 집착인 경우가 많습니다.

심지어 목회자들도 무조건 바쁘게 살아야 하나님을 기쁘시게 한다는 생각으로 자신을 몰아갑니다. 이렇게 바쁘게 살다 보면 어느새 하나님의 말씀과 상관없이 살 수 있습니다. 그래서 제가 신학생 시절에 했던 방식이 있습니다.

그것은 큐티 노트를 3공 바인더로 마련한 뒤, 그곳에 매일 묵상과 적용, 기도 제목들을 적는 것입니다. 큐티를 마친 뒤에는 바인더에서 그 한 장의 노트를 빼내어 지갑에 넣어서 하루를 품고 다닙니다. 밥 먹을 때, 밥 값 내면서, 지갑 열 일이 생길 때마다 지갑 밖으로 삐죽이 튀어나온 노트를 보게 됩니다. 자연적으로 묵상한 말씀이 생각납니다.

원칙으로 정한 것이 있습니다. 밥 먹은 뒤에는 꼭 한 번씩 펼쳐 보기로. 노트에 아예 점검란을 만들어 보기도 했습니다. 아침에 묵상을 했으면, 점심과 저녁에 동그라미와 세모, 엑스로 노트를 보았는지를 표시했습니다. 율법적으로 보일지 모르나, 혈기 많고 유혹 많은 20대 신학생이 말씀대로 살아 보고자 애쓴 몸부림이었습니다.

그것을 저는 '점검하기'라고 부릅니다. 큐티했다고 끝나는 것이 아니라 꼭 점심이나 하루를 마무리하는 시간에 점검하는 시간을 가져 보십시오. 큐티의 진정한 마무리가 될 것입니다.

개인적인 점검과 동시에 저는 공동체에서도 함께 점검하는 시간이 있어야 한다고 생각합니다. 저는 그래서 수요예배를 주중 큐티 본문으로 준비합니다. 이 큐티 설교를 잘하기 위해서는 먼저 제가 묵상이 잘되어 있어야 합니다. 그래서 저는 큐티 설교가 있는 수요일에는 아무데도 가지 않고 하루 종일 한 주간의 묵상을 정리합니다. 이 예배를 통해서 한 주간 이런저런 이유로 큐티를 놓치고 있던 성도들에게 다시 큐티를 시작하도록 격려합니다. 또한 개인이 묵상한 말씀이 한쪽으로 치우치지 않았는지, 모르고 넘어간 부분은 없는지, 잘못 해석한 부분은 없는지를 검검하게 합니다.

저는 설교자입니다. 그러나 일주일에 한두 번 설교를 듣는다고 사람이 금방 변하지 않는 것 같습니다. 설교란 목회자가 하나님의 말씀을 먼저 잘 묵상하고 이해하여 성도들의 상황에 맞도록 잘 풀어 전달하는 과정입니다. 일종의 잘 차려진 밥상과 같습니다. 그러나 설교만 듣기보다 성도 개인이 하나님의 말씀을 직접 묵상하고 그 말씀을 묵상해 온 상태에서 설교를 들으면 그 이해와 은혜는 배가 됩니다.

그래서 앞장에서 말씀드린 바와 같이 개인 예배와 공동체 예배가 균형이 잡혀 있어야 합니다. 개인 예배는 하나도 없고 오직 공동체 예배만 있다면 대부분의 시간을 보내는 가정과 직장, 학교에서의 예배가 없는 것과 마찬가지입니다. 완벽하지는 못하더라도 개인 예배인 큐티를 반드시 시도해 보기를 권합니다. 예배를 통해 은혜받는 성도님들, 예배에 성공하는 성도님들의 공통점은 평소 말씀 묵상을 통해 하나님과 풍성한 교제를 누리는 분들이라는 것입니다. 설사 그렇지 않은데도 공동체 예배에서 다시 영적으로 깨어나는 경험을 했다면, 다행입니다. 이제 각자의 자리로 돌아가서 그 은혜를 개인 예배로 유지시켜야 합니다.

큐티에서 나눔은 꽃이다

큐티하는 사람에게 나눔은 여러모로 유익합니다. 일단 나눔이 있기 때문에 큐티를 지속할 수 있습니다. 큐티를 항상 성공할 수는 없습니다. 때론 영적으로 다운되고, 너무 바쁘기도 하고, 심리적으로 우울을 경험하거나 하면 당장 우선순위에서 밀리는 것이 큐티이기 때문입니다. 그래서 저는 큐티 나눔 모임에 꼭 나가야 한다고 말씀드립니다. 나는 비록 큐티를 잘해 오지 못했더라도 다른 지체들의 나눔을 들으면서 도전받고, 자극받아 다시 시작할 힘을 얻게 되기 때문입니다.

저희 교회는 목장 모임(교회마다 구역 모임, 순 모임, 셀 모임, 전도회 모임 등으로 부릅니다)을 나눔식 모임으로 운영합니다. 저희 교회의 목장 모임은 여자목장, 직장목장, 부부목장, 청년목장, 청소년목장, 어린이목장과 어르신들의 실버목장이 있는데 여자목장과 청소년, 어린이 목장은 수요큐티예배의 나눔 제목을 가지고 나누며, 나머지 부부목장, 직장목장, 청년목장은 주일 설교에서 제가 뽑아 드리는 적용 및 나눔하기 제목을 가지고 함께 나눕니다. 가르치는 모임이 아니라 나누는 모임이 더 유익하다는 판단 때문입니다. 평소 우리는 많은 가르침을 받습니다. 내 생각과 마음을 마음껏 나눌 수 있는 나눔의 그룹이 흔지 않습니다. 그래서 나눔이 필요합니다.

그러면 이제 나눔의 실제를 간단하게 말씀드려 보겠습니다. 우선 나눔은 보통 일주일에 한 번 정도 운영합니다. 모임이 식사 시간에 걸린다면 함께 식사할 수도 있고, 간단한 간식으로 대체할 수도 있습니다. 그리고 인도하는 분부터 먼저 나눔 제목을 가지고 나눔을 합니다. 이때 가르치는 것이 아니라 나누는 것이 중요합니다. 인도자가 얼마나 솔직하게 자신의 연약함과 죄를 드러내고 때론 적용에 실패한 이야기도 감추지 않고 나누느냐에 따라 모임의 분위기가 달라집니다. 이때 한 분이 너무 오랜 시간을 사용한다거나, 본문과 전혀 상관없는 이야기를 늘어놓지 않도록 주의해야 합니다. 모임 시작 전에 한 주간의 근황과 삶을 간단히 나누는 것은 필요하겠지만, 본질은 말씀을 가지고 나누는 것이 되어야 합니다.

이때 나머지 사람들은 나누는 사람의 이야기를 경청해야 합니다. 어떤 분은 자신의 나눔 때만 신이 나고 다른 분의 나눔에는 귀를 기울이지 않습니다. 아예 눈을 감고 있거나 심지어 자는 사람도 있습니다. 인간의 언어에는 비언어적 표현이라는 것이 있습니다. 말이 아니더라도 그 사람의 태도와 표정, 자세를 통해서 상대방에게 언어적 표현을 능가하는 메시지가 전달되고 있다는 것을 명심해야 합니다.

다른 분들의 나눔을 적으면 더 좋습니다. 상대의 나눔에 대한 존중의 표시가 되기도 하고, 내가 한 말씀 묵상과 비교해 볼 수도 있으며, 다음 내 말씀 묵상의 아이디어를 얻을 수도 있기 때문입니다. 이때 저는 녹색펜을 사용해 저의 묵상과 섞이지 않도록 합니다. 그렇게 모든 그룹원들이 나눔을 하고 나면, 각자의 기도 제목을 나누고, 기도함으로 모임을 마치면 됩니다. 단, 이때 서로를 위한 중보기도를 하기 전에 먼저 그 주간 묵상한 말씀을 가지고 함께 합심기도를 하고 중보기도로 들어가면 더 유익합니다.

요즘 같은 코로나 시대에 함께 대면하여 모이지 못할 경우, 줌과 같은 온라인 미팅 툴을 이용해서 모임을 해도 좋습니다. 또는 단톡방을 만들어서 매일 묵상한 말씀을 단톡방에 올리는 방식으로 큐티를 나누어도 유익합니다.

저에게는 매일 아침 묵상한 말씀 한 구절씩 보내 주는 대선배 목사님이 계십니다. 다행히 제가 사용하고 있는 교재와 같아서 저의 큐티에도 도움이 됩니다. 이미 목회에서 은퇴하고 일흔이 넘으신 대선배 목사님께서 후배에게 매일 보내 주는 말씀 나눔이 은혜가 됩니다. 감사해서 저의 묵상과 적용을 담은 답을 바쁘더라도 꼭 보내 드리고 있습니다. 나중에 저희 교회 강단에 초청했을 때 목사님은 이런 말씀을 하셨습니다.

"보통 목사님들이 이런 문자를 보내면 답을 잘 안 하는데 우리 김 목사는 답을 잘해서 너무 기쁩니다."

그렇습니다. 말씀 묵상을 혼자가 아니라 서로 나누고 반응할 때 그 기쁨은 배가 됩니다. 묵상은 반드시 점검하고 나누어야 합니다.

◦ 큐티는 중간에 점검하는 시간을 가져야

한다.

◦ 묵상한 말씀을 주변 사람들과 함께

나누라.

큐티 슬럼프를 극복하라

저는 유소년 야구선수 출신입니다. 초등학교 4학년 때부터 남들 공부할 때 운동장에서 살았습니다. 왜 그렇게 야구가 좋았는지. 모든 운동이 다 그렇지만 기초가 중요합니다. 공을 던지는 과정과 스윙의 과정은 언뜻 보면 쉬운 것 같지만 그렇지 않습니다.

지금도 기억합니다. 야구부의 첫날은 운동장에서 멋지게 공을 치고받는 것이 아니었습니다. 공을 잡고 손목 스냅을 무한반복하며 까딱거리는 것이 전부였습니다. 그 동작을 몇 주간 했던 기억이 있습니다. 나중에 알고 보니 그 스냅으로 공을 뿌리는 거였습니다. 스윙 역시 마찬가지입니다. 무슨 로봇도 아닌데 구분 동작으로 단계를 나누어 끊어서 연습시키는데 거의 한 계절을 한 것 같습니다. 스윙은 방망이 끝의 궤도가 중요한데 가장 적절한 궤도를 연습시킨 것이었습니다. 그렇게 연습생을 거쳐 주전선수가 되었습니다.

그런데 웬일입니까? 그 잘 맞던 공이 전혀 맞지 않는 겁니다. 선수들은 그것을 입스라고 합니다. 안되어도 그렇게 안될 수가 없습니다. 평소 같으면 담장을 넘겼을 법한 쉬운 투수의 공에도 맥없이 삼진을 먹고 들어왔습니다. 야구선수들이 입스가 오면 방법이 없습니다. 멘탈을 다스리고 푹 쉬어야 합니다. 스포츠 심리학이 발달하면서 요즘 선수들은 대개 이런 심리적인 지지를 받으며 운동하는 것으로 알고 있습니다. 큐티도 마찬가지입니다. 딱 하기 싫을 때가 있습니다. 이 슬럼프가 왔을 때 어떻게 해야 할까요?

마틴 로이드 존스 목사님의 고전《영적 침체》라는 책이 생각납니다. 그리스도인에게도 이런 영적 슬럼프가 존재합니다. 우선 큐티 슬럼프에 빠지게 되었을 때 저는 억지로 하지 않는 게 좋다고 생각합니다. 대개의 경우 이런 영적 침체는 지속적인 스트레스 상황이나 긴장 상황에 노출되었을 때, 심리적인 침체와 함께 오는 경우가 많습니다.

저는 비교적 사역을 일찍 시작한 편이었습니다. 불신 가정에서 매 학기 등록금을 온갖 아르바이트와 장학금에 의지해

해결해야 했습니다. 스물한 살에 시작한 전도사 사역이 지금 돌아보면 제대로 되었을 리 없다고 생각합니다. 교회가 저에게 기회를 준 것이고 기다려 준 것이었습니다. 만약 이런 교회의 배려가 없었다면 오늘날 제가 사역자로 존재할 수 없었을 것입니다.

오직 주님만 바라보고 간다지만, 아무도 저의 사역자로서의 길을 영적으로나 현실적으로나 지원해 주지 않았습니다. 게다가 아버지가 아프시는 등 여러 가지 문제들이 겹쳐서 압박해 왔습니다. 교회에서의 사역도 만만치 않았습니다. 나이많은 선생님들과 부장 집사님들, 어려운 담임목사님과 관계를 맺는 게 쉽지 않았습니다. 어느 날부터인가 큐티를 슬슬 빼먹기 시작했고, 하기 싫어졌습니다. 아마도 정서적으로, 영적으로 탈진 상태였지 않을까 합니다. 그때 찾아간 곳이 강원도 태백의 예수원이었습니다.

예수원에서의 삶은 단순했습니다. 노동하고 기도하고, 예배하는 게 전부였습니다. 그리고 그곳에서 저에게 처음으로 인간의 정서와 심리, 그러니까 정신치료와 정신의학이라는 것에 눈을 뜨게 해준 김진 선생님의 강의를 듣게 되었습니다. 이분은 정신의학을 전공한 정신과 의사이자 미국에서 개혁주의 신학을 공부하고, 신학과 정신의학의 통합 작업에 관심이 많은 분이었습니다. 김진 선생님은 그의 저서《중생 이후의 삶을 어떻게 맞이해야 하는가》에서 이렇게 말했습니다.

"각자는 자기의 수준을 알아야 할 것입니다. 그래서 자기 수준을 넘어서는 일에 함부로 덤벼들지 않도록 주의하여야 할 것입니다. 하면 좋은 것이기 때문에 모두가 해야 하는 것은 아닙니다. 하면 좋은 것이라 하더라도 자기가 감당할 것이 있고, 감당 못할 것이 있는 것입니다. 자기의 수준을 넘어서는 것이라면 그것을 감당할 수 있는 더 성숙한 사람에게 자리를 양보하여야 할 것입니다."[30]

나의 한계가 있는데 사명이라는 이유로 끝없이 달려온 내 마음에 탈이 난 것이었습니다.

이분의 강의와 책을 만나면서 저는 신학과 더불어 정신의학과 심리학에 관심을 가지게 되었고, 훗날 전공까지 하게 되었습니다. 신앙생활과 큐티에 슬럼프가 찾아왔을 때, 억지로 하지 말고, 쉼의 시간과 치료적인 관계를 통해서 도움을 받으시기를 권합니다. 평신도라면 아무 곳이나 가지 말고 꼭 출석하는 교회의 담임목사님이나 사역자들의 검증을 거친 곳에서 도움을 받기 바랍니다. 이단이 판을 치고 있는 세상이라 주의가 필요합니다. 상담과 정신과 치료를 받을 때도 되도록 신앙생활에 대한 이해가 있는 크리스천 치료자의 도움을 받기를 권해드립니다.

큐티를 돕는 책을 읽으라

한편, 큐티에 슬럼프가 오는 경우 제대로 배워 보지 않았기 때문일 수 있습니다. 말씀 묵상에 대한 강의나 책을 한 번도 보지 않고 자기만의 방법으로 큐티를 이어 나가는 분들이 있습니다. 이 경우 탈이 날 수 있습니다. 시중에 큐티를 돕는 도서들이 꽤나 많습니다. 여기에 이 책 한 권이 더해져서 죄송한 마음이 있습니다. 하지만 어떤 책은 내용이 너무 수준 높아서 평신도가 쉽게 읽기 힘든 책들도 있습니다. 이 책은 큐티가 잘 안 되는 분들, 실패하는 분들, 지속적으로 습관화하지 못한 분들을 돕고자 썼습니다. 큐티와 관련해서 검색해 보면 많은 책들이 나올 겁니다. 무슨 책이 되었든 검증된 출판사에서 좋은 필자가 쓴 말씀 묵상과 관련된 도서들을 한두 권 읽어 보기를 권합니다. 어차피 평생 하는 큐티인데 이에 관한 안내서나 이론서 한 권 정도는 보시는 게 유익합니다.

또 큐티 교재를 만드는 각 출판사에서는 세미나를 열고 있습니다. 이런 강의에 참여해 보는 것도 좋은 방법입니다. 이런 학습 과정을 통해 큐티 슬럼프에 빠지지 않고 지속적으로 재미있고 유익하게 큐티를 이어 나갈 수 있을 것입니다.

또 한 가지 큐티를 매일 못하게 될 경우가 발생합니다. 이때 밀린 것부터 하지 말 것을 권합니다. 무슨 방학 숙제도 아니고 밀린 것부터 합니까. 물론 문맥을 잡는 측면에서 쭉 한

번 읽어 보는 것은 상관이 없겠으나 지난 묵상부터 놓치지 않고 하리라는 마음으로 시간을 쓰면 정작 오늘 묵상해야 할 본문까지 오지 못할 수 있습니다. 밀린 것은 과감하게 넘기고 오늘 본문부터 다시 시작하기 바랍니다.

성경 해석학의 기본적인 상식 정도는 알고 있으면 큐티 슬럼프를 피해 갈 수도 있습니다. 말이 거창해서 성경 해석학이지만, 큐티를 할 때 가장 먼저 염두에 둬야 하는 것이 문맥입니다. 성경은 흐름이 있습니다. 줄거리가 있다는 말입니다. 그것들을 무시하고 한 단어, 한 문장만을 묵상하면 오류에 빠질 수 있습니다. 이 문맥만 잘 고려해도 엉뚱한 묵상과 적용을 피할 수 있습니다.

단어의 의미와 문자적 의미를 제대로 파악하는 것도 중요합니다. 그래서 저는 3장 '제대로 읽어라'에서 다양한 번역본을 사용하여 본문의 문자적 뜻을 바로 이해하여 왜곡하지 않도록 해야 한다고 말씀드렸습니다. 또한 본문의 문화적, 역사적 배경을 이해하는 것도 도움이 됩니다. 평신도가 이 부분까지 파악하기는 어렵겠지만, 요즘 워낙 자료들이 많습니다. 각 출판사에서 발행하는 큐티 교재에는 대부분 서론을 제공함으로써 그 달 묵상할 본문의 문화적, 역사적 배경과 신학적 강조점들을 친절히 제공하고 있으니 살펴보면 도움이 될 겁니다.

마지막 한 가지, 요즘은 인터넷 시대입니다. 여러분이 묵상해야 하는 본문을 설교한 목사님들의 훌륭한 설교를 찾아서 들어 볼 수 있습니다. 유튜브에도 자료가 많고, 각 교회 홈페이지에도 해당 본문의 설교가 올라와 있습니다. 다만, 먼저 이것들을 듣는 것은 권하지 않습니다. 본인이 먼저 본문을 잘 묵상한 뒤, 묵상의 아이디어나 적용의 아이디어를 얻고 싶을 때 해당 본문을 다룬 설교 동영상을 참고하기 바랍니다. 책도 물론입니다.

마지막으로 영적 슬럼프에 빠져 큐티고 뭐고 다 하고 싶지 않을 때, 구별된 장소와 시간을 가지고 기도할 것을 권합니다. 예전에는 정말 기도원도 많이 다녔습니다. 요즘은 그때만큼 기도원을 다니지 않는 것 같습니다. 기도원에 가서 집회에 참석하기보다 쉬면서 하나님과 교제의 시간을 갖기를 권합니다. 도움이 될 수 있습니다.

◦큐티 슬럼프에 빠졌을 때는 큐티를

제대로 배워 보라.

◦집중적인 기도 시간을 가져 보라.

덕을 세우라

박대영 목사님은 그의 책《묵상의 여정》에서 유진 피터슨을 인용하면서 이렇게 말했습니다.

"성경은 책일 뿐 아니라 말이자 인격이기에 연구 대상에 그치지 않고 귀 기울여 들어야 할 대상이다. 쳐다보는 대상으로만 그쳐서는 안 되고 주목하여 바라보며 더 나아가 꿰뚫어 보는 대상이어야 한다. 사용할 대상이 아니라 사랑할 대상이고, 소유할 대상이 아니라 수용할 대상이어야 한다. 우리가 읽는 말이 우리 삶의 내부가 되도록 그것을 받아들이고, 그리듬과 이미지가 기도의 실천, 순종의 행위, 사랑의 방식이 되도록 하는 독서가 바로 성경 묵상이다. 그래서 진리를 안다는 것은 진리를 소유하는 일이 아니라 진리에 몸을 바치는 일인 것이다."[31]

묵상의 깊이가 어디까지 가야 하는지를 잘 말해 주는 글이라고 생각합니다. 에베소서 4장 29-30절에는 이런 말씀이 있습니다.

무릇 더러운 말은 너희 입 밖에도 내지 말고 오직 덕을 세우는 데 소용되는 대로 선한 말을 하여 듣는 자들에게 은혜를 끼치게 하라 하나님의 성령을 근심하게 하지 말라 그 안에서 너희가 구원의 날까지 인치심을 받았느니라 엡 4:29-30

중요한 말씀입니다. 성경을 제대로 묵상했다면 당연히 언어와 생각이 바뀔 것이고 자연스럽게 덕을 세우게 될 것입니다. 초대교회 신자들이 이런 덕을 세우는 면에서 부족했던 모양입니다.

더러 말씀 묵상 꽤나 한다는 분들에게서 출석하는 담임목사님의 설교가 깊이가 없다는 둥 사역자들과 장로, 권사들이 큐티를 하지 않아 하나님을 잘 모른다는 둥 하면서 덕을 세우는 일과는 전혀 상관없는 말과 행동을 하는 경우를 보게 됩니다. 그래서는 안 됩니다. 모든 하나님의 자녀들이 어떤 신앙생활을 하든지 결과는 사랑과 겸손 즉 거듭난 인격으로 드러나야 합니다. 정상적인 큐티를 했다면, 남을 판단하거나 정죄하며 나의 우월함을 드러내는 것이 아니라, 나에게도 그런 모습이 있음을 인정하고 그들을 위하여 중보하는 자세를 보여야 합니다.

저는 부교역자 생활을 오래했습니다. 20년 넘게 하다가 담임목회를 한 지 3년 반이 넘고 있습니다. 짧은 시간이었지만, 부교역자 생활은 거의 아르바이트 수준이었구나 라는 걸 스스로 인정하게 됩니다. 담임목사라는 타이틀이 주는 중압감과 책임감은 부교역자 시절과 비교할 수 없습니다.

그때는 제가 맡은 일만 하면 되었습니다. 그러나 담임목사는 다릅니다. 처음부터 나중까지, 작은 일에서부터 큰일까지 모두 챙기고 신경 써야 합니다. 처음으로 교회 문을 여는 것도 마지막으로 교회를 둘러보고 불을 끄는 것도 담임목사의 몫입니다. 한 영혼이라도 실족하면 혹시 나의 부족함 때문은 아닐까, 내가 무엇을 잘못한 것일까를 생각하며 애통해하는 것이 담임목사입니다. 그만큼 교회 공동체와 성도에 대해서 늘 염려하며 사랑과 관심으로 기도하고 목양하는 분들입니다.

그런데 성도가 큐티를 시작하면서 교만해져서 담임목사님의 설교를 비판하고 수군댄다면 차라리 그 큐티는 안 하는 게 더 나을지도 모릅니다.

안타깝게도 어느 목사님은 큐티책을 금서로 지정하기도 했습니다. 겸손하던 교인들이 큐티를 하더니 분란을 일으키더라는 것입니다. 실제로 그 교회에서는 큐티하는 분들이 큐티파 교인이 되어 큐티하지 않는 성도들을 정죄하고 판단하며 분란을 일으켜서 결국 교회가 쪼개졌다는 이야기를 들었습니다. 있어서는 안 될 일입니다.

큐티는 예배라고 했습니다. 그러나 저는 모든 예배의 중심은 공동체 예배에 있다고 믿습니다. 만일 개인 예배인 큐티만 드리고 공동체 예배를 소홀히 하고 있다면 바람직하지 못한 모습입니다. 그렇게 해서는 안 됩니다. 평소에 큐티를 그렇게 소중히 여기며 큐티 전도사가 된 분이 공동체 예배를 수시로 빠지는 모습을 봅니다. 덕이 되지 않습니다.

말씀을 묵상한다면 그만큼 더 공동체에서 십자가를 지고 남들이 하지 않는 섬김과 헌신의 모습을 보여 줘야 합니다. 그것이 큐티하는 사람들을 욕 먹이지 않는 길입니다.

교회는 이벤트가 아닙니다. 삶을 나누고 평생을 함께하는 신앙 공동체입니다. 신앙이 삶으로 드러나야 합니다. 성경을 좔좔 외운다 해도 머리만 커져서 공동체에서 희생과 섬김의 모습이 없다면 그 지식은 조롱받을 수밖에 없습니다. 심지어 어떤 분은 공동체 예배 시간에 목회자의 설교를 듣지 않고 큐티를 하기도 합니다. 이런 행동은 옳지 않습니다. 모두가 하나님의 말씀이므로 경청하고 예의를 갖춰야 합니다.

적용은 나부터

적용은 항상 먼저 나부터 해야 합니다. 들어야 할 말씀이 있을 때 나 자신을 돌아보고 적용하지 않고, 옆에 앉은 배우자나 자녀들의 옆구리를 찌르는 분이 있는데, 옳지 않습니다. 언제나 말씀은 나에게 먼저 적용하십시오. 그것이 옳습니다.

이것은 저 같은 목회자들이 명심해야 할 일입니다. 많은 경우 목회자들은 자신을 예외로 생각합니다. '나는 목회자이기 때문에 영적으로 실수할 수 없고, 내가 결정하고 판단한 것은 모두 옳다'라는 생각이 소위 성공한 목회자들에게 종종 보이는 증상입니다. 사람들이 모이고, 재정이 든든해지고, 으리으리한 건물이라도 세워지면 교권이 강해지고, 목회자가 어느덧 자신에게 먼저 적용하는 그 단순하고 중요한 일을 하지 않는 것을 보게 됩니다.

평생 말씀을 외쳤으나 정작 자신에게는 적용하지 않는 목회자들 때문에 많은 성도들이 시험에 들어 교회를 떠나거나 냉담자가 되는 것을 봅니다. 안타깝습니다.

그래서 한기채 목사님은 《한국교회 7가지 죄》에서 목회자들의 각성과 회개를 촉구하고 있습니다. 그는 이렇게 경고하

고 있습니다.[32]

"목회자의 말 한 마디, 행동 하나가 신자들에게 큰 영향을 미치기 때문에 목회자는 더 높은 도덕성과 거룩함을 지녀야 하고, 자신이 하는 말과 행동이 신자들에게 미치는 영향을 심각하게 고려해야 한다."

다른 사람에게 큐티를 권하고 싶으면 얼마든지 권하십시오. 그러나 단순히 큐티책을 사서 나눠 주는 것으로 만족하지 말고, 상대방이 내 삶을 보고 관심을 가질 수밖에 없도록 삶으로 큐티를 권하십시오. 말로는 큐티가 중요하다, 너무 좋다고 하면서 결정적인 순간에 반대로 적용해서 "저런 삶을 사는 사람이 큐티를 한다면 나는 안 하겠다"는 반응을 얻으면 곤란합니다.

따라서 큐티를 전하는 가장 좋은 방법은 삶으로 전하는 것입니다. 내 삶의 모습을 보고 그 능력과 이유를 묻는 사람들이 생기도록 하는 것입니다. 대단한 일이 아니더라도 평범한 일상을 말씀의 인도를 받아 잘 살아가는 비범함을 보여 주어야 합니다.

제럴드 싯처의《하나님의 뜻》에 의하면, 우리는 인생의 대부분을 평범한 일상을 살아가는 데 사용한다고 합니다. 하나님이 우리를 평범한 삶을 살도록 지으셨다는 것입니다. 큐티를 통해 평범한 일상을 잘 살아야 합니다.[33] 은혜 생활을 한다는 분들 중에 더러 이런 평범한 일상을 잘 살지 못하는 분을 보면 안타깝습니다. 큐티를 통해 덕을 세울 수 있기를 바랍니다.

◦ 덕을 세우는 큐티가 되어야 한다.

◦ 큐티한다고 큐티하지 않는 사람을

판단하고 정죄하는 교만에 빠지지

말아야 한다.

　　C. S. 루이스는 그의 책《책 읽는 삶》에서 "좋은 신발은 신고 있어
도 신었다는 것이 느껴지지 않는 신발이다"라고 말했습니다.[34] 바울
은 골로새 교인들에게 보낸 편지에서 "너희를 위하여 하늘에 쌓아
둔 소망으로 말미암음이니 곧 너희가 전에 복음 진리의 말씀을 들은
것이라"(골 1:5)라고 말했습니다. 골로새 교인들에게 하나님의 말씀
은 좋은 신발과 같은 것이었습니다. 초대교회의 혼란스러운 상황에
서도 그들은 하나님 말씀이라는 좋은 신발을 신고 이단을 밟고, 율
법주의를 밟아 나갔던 것입니다. 우리도 어디를 가든지 무엇을 하든
지, 말씀의 신발만 잘 신고 있다면 든든하고 안전할 것입니다.

　　빛이 어둠에 비치되 어둠이 깨닫지 못하더라 요 1:5

　　사실 말씀을 묵상할 수 있다는 것은 대단한 영광입니다. 그 말씀
속에 생명이 있고 빛이 있기 때문입니다. 말씀을 묵상하는 하나님의
자녀가 되었다는 것에 대한 기쁨과 감사가 회복되어야 합니다. 이
구원은 "혈통으로나 육정으로나 사람의 뜻으로 나지 아니하고 오직
하나님께로부터 난 자들만"(요 1:13) 받을 수 있는 놀라운 권세이기 때
문입니다.

새해를 맞아 요한복음 1장을 묵상하면서 내 영혼이 밝아지는 것을 느낍니다. 많은 교인을 거느린 큰 교회의 목사가 되어서 밝아지려는 어리석은 목사가 되지 말고, 은혜와 진리 되시는 로고스, 말씀이신 예수님을 믿는 하나님의 자녀로서 기뻐하고 밝은 사람이 되어야겠다는 다짐을 해봅니다.

이미 많은 큐티 안내서들이 있음에도 불구하고 거기에 또 하나를 더한 것 같아서 송구한 마음입니다. 글을 세상에 내놓는 필자들은 모두가 그렇겠지만, 막상 내놓으려니 부끄럽고 망설여집니다. 그러나 분명 저와 같은 시행착오를 겪는 분들이 있을 것이기에 그 한 명의 독자를 보고 위안을 얻습니다.

새해를 맞아 요나서 강해 설교를 준비해서 성도들과 나누고 있습니다. 놀라운 것은 하나님의 얼굴을 피하여 끊임없이 하강하는 요나를 하나님은 끝까지 포기하지 않으신다는 것입니다. 태풍과 선원과 선장을 요나에게 보내어 말씀을 듣게 하시고, 배 밑바닥에서 깊은 잠에 들어 있는 그를 깨우십니다. 자포자기로 입술 신앙만 남아 버린 요나이지만, 중요한 것은 하나님이 그를 포기하지 않으신다는 것입니다.[35] 부디 큐티를 포기한, 큐포자에서 벗어나 말씀 묵상을 통해 하나님과의 사귐이 풍성해지기를 주님의 이름으로 축원합니다.

참고도서

1   이성희, 《수도원 영성의 향기》(두란노서원, 2003), 45

2   갓프리 C. 로빈슨 & 스티븐 F. 윈워드, 이중수 옮김, 《그리
    스도인이 걸어야 할 길》(성서유니온, 1995) 8

3   사이토 다카시, 장은주 옮김, 《혼자 있는 시간의 힘》(위즈덤
    하우스, 2015), 45

4   송원영, "자기효능감과 자기통제력이 인터넷 중독적 사용
    에 미치는 영향", 연세대학교 대학원 석사학위 논문, 1998

5   조세핀 김 & 김경일, 《0.1%의 비밀》(EBS BOOKS, 2020), 207-
    221

6   양창순, 《나는 외롭다고 아무나 만나지 않는다》(센추리원,
    2014), 19

7   유현준, 《공간의 미래》(을유문화사, 2021), 59

8   제임스 클리어, 이한이 옮김, 《아주 작은 습관의 힘》(비즈니
    스북스, 2019), 122

9   차준희, "최근 한국교회의 구약설교에 관한 연구", 한국구약학회 송년 학술대회, 2019

10 이정일, 《문학은 어떻게 신앙을 더 깊게 만드는가》(예책, 2020), 14

11 강영안, 《읽는다는 것》(IVP, 2020), 13

12 한국출판문화산업진흥원,《2019 청소년 독자, 비독자 조사 연구 보고서》, 2019

13 김기봉 & 문원희 & 권명진, "성별에 따른 청소년의 스마트폰 사용의 문제적 경험 관련 요인" (융합정보논문지 제11권 제10호, 2021), 90

14 줄리아나 마이너, 최은경 옮김, 《디지털 시대에 아이를 키운다는 것》(청림라이프, 2020), 350

15 Karl Barth, "The Strange New World Within th Bible", in karl Barth, *The Word of God and the Word of Man*, translated with a new Forword by Dauglas Horton (New York: Harper & Row, 1957), 43

16 김형민, 《너 하나님이랑 사귀니?》(두란노, 2005), 46

17 이순신, 이민수 옮김, 《난중일기》(범우사, 2007), 125

18 고든 D. 피 & 더글라스 스튜어트, 오광만 옮김, 《성경을 어떻게 읽을 것인가?》(성서유니온, 1993), 26

19 백금산, 《큰 인물 독서법》(부흥과개혁사, 2005), 153

20   대한소아청소년정신의학회 편저, 《청소년 정신의학》(시그

마프레스, 2012), 108

21   김지찬, 《엔 샬롬 교향곡》(기독신문사, 2003), 440

22   이영희, 《내 아이 영성지수로 키워라》(규장, 1992), 218

23   양창순, 《나는 외롭다고 아무나 만나지 않는다》(다산북스,

2016), 112

24   유진 피터슨, 양혜원 옮김, 《이 책을 먹으라》(IVP, 2006), 156

25   제임스 클리어, 이한이 옮김, 《아주 작은 습관의 힘》(비즈니

스북스, 2019), 52

26   김기현, 《모든 사람을 위한 성경 묵상법》(성서유니온, 2020),

145

27   Thomas R. Kelly, *A Testament of Devotion* (New York: Harper &

Row, 1941), 29

28   유진 피터슨, 《응답하는 기도》(IVP, 2013), 37

29   Tomas Merton, *New Seeds of Contemplation* (New York: New

Directions, 1961), 206

30   김진, 《중생 이후의 삶을 어떻게 맞이해야 하는가》(뜨인돌,

2003), 86

31   박대영, 《묵상의 여정》(성서유니온, 2013), 75

32   한기채, 《(내가 먼저 회개해야 할) 한국 교회 7가지 죄》(두란노,

2021), 25

33   제럴드 싯처, 윤종석 옮김, 《하나님의 뜻》(성서유니온, 2001), 310-311

34   C. S. 루이스, 윤종석 옮김, 《책 읽는 삶》(두란노, 2021), 173

35   이중수, 《선지자의 침묵》(양무리서원, 1995), 49